# 朝日新聞は まだ反日か

## 若宮主筆の本心に迫る

大川隆法
RYUHO OKAWA

本霊言は、2012年9月20日（写真上・下）、幸福の科学総合本部にて、
質問者との対話形式で公開収録された。

# まえがき

朝日新聞は、まだクオリティ紙の評価を維持し、戦後レジームの中で、平和憲法を中心とする国体を護持《ごじ》してきたといえるだろう。

しかし、理想的な平和主義と、中国への片想いがいつまでも続く世の中ではなさそうだ。国民の意識は激変している。この八月の竹島、尖閣事件以降、特に、「現実の危機にどう対処するか」というテーマが浮上してきている。時々は勇気のある、思い切ったことを言い出す新聞である。いっそ『幸福実現党』を持ち上げて、朝日新聞が大きく変わろうとしていることを間接的にPRしてみてはどうか。

朝日の若宮主筆は、「守護霊」の何たるかを「守護霊」自身が知らないほどの方ではあるが、この世的には、理想主義的平和論を信じる「善人」なのだろう。現実的にも頼りになる新聞であり続けてほしいものだ。

二〇一二年　九月二十五日

幸福《こうふく》の科学《かがく》グループ創始者《そうししゃ》兼《けん》総裁《そうさい》　大川隆法《おおかわりゅうほう》

# 朝日新聞はまだ反日か　目次

# 朝日新聞はまだ反日か

## ――若宮《わかみや》主筆の本心に迫《せま》る――

二〇一二年九月二十日　若宮啓文《よしぶみ》守護霊《しゅごれい》の霊示《れいじ》
東京都・幸福の科学総合本部にて

「霊言《れいげん》現象」とは、あの世の霊存在の言葉を語り下ろす現象のことをいう。これは高度な悟《さと》りを開いた者に特有のものであり、「霊媒《れいばい》現象」（トランス状態になって意識を失い、霊が一方的にしゃべる現象）とは異なる。

また、人間の魂《たましい》は原則として六人のグループからなり、あの世に残っている「魂の兄弟」の一人が守護霊《しゅごれい》を務めている。つまり、守護霊は、実は自分自身の魂の一部である。したがって、「守護霊の霊言」とは、いわば本人の潜在《せんざい》意識にアクセスしたものであり、その内容は、その人が潜在意識で考えていること（本心）と考えてよい。

なお、「霊言」は、あくまでも霊人の意見であり、幸福の科学グループとしての見解と矛盾《むじゅん》する内容を含《ふく》む場合がある点、付記しておきたい。

# 朝日新聞はまだ反日か

## ――若宮《わかみや》主筆の本心に迫《せま》る――

二〇一二年九月二十日　若宮啓文《よしぶみ》守護霊《しゅごれい》の霊示

東京都・幸福の科学総合本部にて

若宮啓文《わかみやよしぶみ》（一九四八～）

東京都出身。東京大学法学部政治学科卒。一九七〇年、朝日新聞社に入社、横浜《よこはま》支局や長野支局に勤務後、東京本社にて政治部員となり、政治部次長、論説委員、政治部長、編集局次長、論説副主幹、論説主幹等を歴任、二〇一一年五月より朝日新聞主筆を務めている。父の若宮小太郎《わかみやこたろう》氏は鳩山一郎《はとやまいちろう》元首相の首席秘書官だった人物である。

質問者　※質問順

小林早賢《こばやしそうけん》（幸福の科学 広報・危機管理担当副理事長）

里村英一《さとむらえいいち》（幸福の科学 専務理事・広報局担当）

綾織次郎《あやおりじろう》（幸福の科学 理事 兼《けん》「ザ・リバティ」編集長）

［役職は収録時点のもの］

# 1 「揺《ゆ》らぐ朝日」に本音を訊《き》いてみたい

## 朝日新聞を調べると、いろいろな問題点が出てくるだろう

大川隆法　昨日《さくじつ》はＮＨＫの放送総局長と報道局長の考え等を調べました（注。本霊《れい》言《げん》収録の前日〔九月十九日〕、放送総局長・石田研一《いしだけんいち》氏守護霊《しゅごれい》と報道局長・森永公紀《もりながこうき》氏守護霊の霊言を収録した。『ＮＨＫはなぜ幸福実現党の報道をしないのか』〔幸福の科学出版刊〕参照）。

今日は、「いちおう日本の代表的なメディアである」という理由により、新聞社を代表して朝日新聞を調べてみたいと思います。

朝日新聞に関する論点を挙げていくと、日本の今の論点が、ほとんど出てくるのではないでしょうか。今回、そうした論点を、うまく全部押《お》さえられるかどうか、

分かりませんが、上手にやらなくてはいけないと思っています。

特に、「三年前に民主党政権が出来上がるに当たっては、朝日新聞が、そうとうリーダーシップを発揮し、他のマスコミも引っ張って、自民党を批判し、民主党を持ち上げていった」ということは、よく知られています。

したがって、朝日新聞は、その後《ご》の三年間における、民主党政権の崩壊《ほうかい》していく過程を、おそらく、複雑な気持ちで見ているのではないかと思います。民主党政権下で、総理大臣が「鳩山《はとやま》、菅《かん》、野田《のだ》」と替《か》わりましたが、今、どのように感じているのでしょうか。おそらく、見方は、かなり変化してきているでしょう。

今月、自民党の総裁選と民主党の代表選が行われますが、現時点では、「次の総選挙後には、自民党の総裁が総理になる可能性がかなり高い」と言われています。自民党の今回の総裁候補者たちは、全員、タカ派と言われる人たちであり、彼らの路線は、おそらく、三年前の朝日の趣旨《しゅし》には合わないものかと思われます。

タカ派の自民党総理が誕生するのであれば、その総理に対して、また朝日新聞らしい攻撃《こうげき》を開始しなくてはいけないのでしょう。

しかし、「そもそも、三年前の民主党の政権交代劇は何だったのか」という問題もあります。

朝日新聞は、「民主党政権が誕生すれば、日本は中国と非常に親密になり、日中関係が前進して、うまくいく」という夢を、おそらく描《えが》いていたのではないかと思うのです。では、最近の中国での反日暴動や尖閣《せんかく》問題、あるいは、韓国《かんこく》大統領の竹《たけ》島《しま》上陸等については、今、どのように考えているのでしょうか。

今日、守護霊を呼ぶ予定である、朝日新聞の若宮主筆は、東大の駒場《こまば》時代には坂《さか》本義和《もとよしかず》ゼミに所属していたと思います。

坂本義和氏は国際政治学者で、最近、東京新聞に寄稿《きこう》していましたが（二〇一二年九月八日付の東京新聞朝刊）、贖罪《しょくざい》史観のようなものを持っており、大学では、「日本は、従軍慰安婦《じゅうぐんいあんふ》問題や南京《ナンキン》事件など、悪いことをたくさんしたのだから、国際政治に関しては、とにかく低姿勢でいかなくてはならない」というようなことを教えていたと思います（注。本霊言収録の翌々日〔九月二十二日〕、東京大学名誉《めいよ》教授・坂本義和氏守護霊の霊言を収録した。『従軍慰安婦問題と南京大虐殺《だいぎゃくさつ》は本当か？』〔幸福の科学出版刊〕参照）。

また、当時はソ連対アメリカの冷戦時代でしたが、私の知っている範囲《はんい》内でも、坂本氏は、「バランス・オブ・パワー（勢力均衡《きんこう》）のためには、ソ連とアメリカが拮抗《きっこう》したままでいくのがよいのだ」と捉《とら》えていたので、ソ連崩壊後《ご》は思想的に行き詰《づ》まってきているのではないでしょうか。特に、最近の流れには、おそらく困惑《こんわく》しているだろうと思います。

このように、朝日新聞からは、いろいろな問題点が出てくるのです。

## 自民党の安倍《あべ》政権への攻撃《こうげき》が「社是《しゃぜ》」だった朝日新聞

大川隆法　今回の自民党の総裁選には安倍《あべ》元総理が出馬しています。

以前も言及《げんきゅう》しましたが、安倍元総理に関しては、最近、『約束の日　安倍晋三《しんぞう》試論』（小川榮太郎《おがわえいたろう》著〔幻冬舎《げんとうしゃ》刊〕）という本が出ています。その「まえがき」部分には、「朝日新聞の社内で、朝日の幹部が『安倍の葬式《そうしき》はうちで出す』と言っていた」というようなことが書いてあります。

これは、要するに、「安倍政権を朝日の批判で撃《う》ち落とす」ということです。そういうことを明確に言っていたのです。

また、ある政治評論家が、「安倍政権のよいところを認める報道はできないのか」と言ったら、この若宮氏（当時、朝日新聞論説主幹）は、「できません。それが社是《しゃぜ》だからです」と言ったそうです。

すなわち、朝日は、会社の方針として、「安倍政権を攻撃《こうげき》して撃ち落とす」ということを決めていたのです。

これに対して、安倍氏には恨《うら》み骨髄《こつずい》に徹《てっ》するものもあるのではないかと思いますが、朝日は、自民党の総理が誕生したら、おそらく、また、同様のことを決めるであろうと思います。

## 現在、「朝日の論説の方向性」を決めているのは若宮啓文主筆

大川隆法　今、時代は振《ふ》り子のように揺《ゆ》れており、政権は、民主党に揺れ、今度は、その反対側に揺れようとしています。また、中国やアメリカ、韓国等との距離《きょり》の取り方も非常に難しい状況《じょうきょう》にあります。

この段階において、朝日新聞の論説の方向を決める最重要人物の一人が、この若宮主筆ではないかと思われます。

この人は、論説においては自分の名前で書いています。そういう人は、ほかには、あまり見当たらないので、読売とは違《ちが》うかもしれません。読売は、いわゆるナベツネさん（渡邉《わたなべ》恒雄・代表取締役《とりしまりやく》会長）が、いわば社主であり、また主筆でもあると思いますが、朝日の場合、今は経営と主筆とが分離しています。論説に関しては、おそらく、この若宮氏が、現在、基本的な方針を決めているのではないかと思います。

この人は、今の朝日が抱《かか》えている問題、例えば、「日本の政治が、朝日が主張していた方向で行われたが、うまくいかず、違うほうに揺れようとしている」ということに対し、どういう方向を打ち出そうとしているのでしょうか。これは重要な点ではないかと思うので、この人の本心に迫《せま》ってみたいと思います。

## 守護霊霊言《れいげん》によって、その人の潜在《せんざい》意識を探《さぐ》ることができる

大川隆法　ちなみに、朝日新聞系の人の場合には、「守護霊の霊言《れいげん》」というものが意味不明で分からないこともありうるので、朝日新聞系の読者の便宜《べんぎ》を図《はか》って、分かりやすく簡単に説明しておきます。

テレビドラマなどでは、登場人物が謎《なぞ》の病気に罹《かか》ったり、不思議な行動を取ったりしたとき、その原因を調べるため、心理学者や医者が催眠術《さいみんじゅつ》を使う場面が出てくることがあります。

「あなたは、だんだん腕《うで》が重くなる」とか、「目を瞑《つぶ》って、次のことを思い浮《う》かべ

てください。あなたは階段を静かに一段ずつ下りていき、十段、下りていって……。はい、あなたは眠《ねむ》りに落ちる」とか、そのような感じで催眠術をかけ、その状態で相手に語らせることによって、相手の深層心理を探《さぐ》り、「何が原因となって、この現象が現れているのか」ということを探り当てようとします。

そして、例えば、「これに関する恐怖心《きょうふしん》が原因で、今、こうした病気や変な行動が現れている」と探り当てたりします。

守護霊の霊言も、分かりやすく言えば、そういうことなのです。

ただ、私の場合には、心理学者や医者のように、対象者に目の前で催眠術をかけ、その深層心理を探るのではなく、主として離《はな》れた場所から、その人の心のなかを遠《えん》隔透視《かくとうし》する「マインド・リーディング」を行っているのです。

この能力は、仏教的に言うと、六大神通力《じんつうりき》の一つである「読心《どくしん》能力（他心通《たしんつう》）」であり、「遠くにいる人も含《ふく》め、他の人の考えていること、その心を読んでいく」という能力です。

また、「守護霊」と言っていますが、これは、いわば「潜在意識《せんざい》」のことです。

表面意識では、例えば、一字一字、ペンで文章を書いていたり、パソコンで文字を打ったりしているかもしれませんが、潜在意識の考え方を読み取ることで、その表面意識に現れてくる前の「精神の原形」のところを知ることができます。

ここを押さえていれば、「これから、表面意識に、どのような考えが出てくるか」ということが、ある程度、予想できるのです。

もちろん、人によっては、表面意識と潜在意識とが、かなり分離している場合もあります。

例えば、奇《き》っ怪《かい》な行動を取ったり、病気に罹ったりしている人に催眠術をかけ、潜在意識を引っ張り出してみると、表面意識とは全然違うものが出て、「こんなことが原因だったのか」と驚《おどろ》くことがあります。

それと同じように、表面意識と潜在意識とで違いがある場合もありますが、「ある程度、似通《にかよ》ったかたちになる」という場合のほうが比較《ひかく》的多いのです。

## 勇気と正義を求めていても、善悪の価値判断が外れている朝日

大川隆法　今日は、あくまでも、個人攻撃等をするつもりはありません。ただ、朝日新聞という巨大《きょだい》なメディアの全員の意見を調べることはできないので、論説の責任者である人の考えを探ってみたいと思っています。

若宮啓文氏は昭和二十三年（一九四八年）生まれで、東大法学部政治学科卒です。これは舛添要一《ますぞえよういち》氏と同年代ぐらいではないでしょうか。

最近、霊言収録の際に、大学の先輩《せんぱい》と後輩の対決が多くなってきているので、大学を出て、三十年後や四十年後に、出世の最後の段階に辿《たど》り着いた人と、インテリ最終決定戦というか、知力戦を行っているような感じがないわけでもありません。

朝日のオピニオンに関しては、私とは意見が違う面も比較的多いとは思うのですが、好き嫌《きら》いで言えば、私は朝日新聞を別に好きとも嫌いとも思っていません。その意味で、私は不思議なタイプでしょう。

朝日には、新聞社としての勇気はあります。また、「正義を求めている」ということは、おそらく本当ではないかと思います。ただ、善悪の価値判断については、ときどき外しているように感じられますが、朝日といえども、やはり、神ならぬ身なので、それには、しかたがない面もあるでしょう。

いずれにしろ、「朝日新聞には、勇気と正義を求めているようなところはあるのではないか」と感じています。

## 朝日新聞の全国版に私の大学時代の小文《しょうぶん》が載《の》った

大川隆法　個人的なことを言いますと、私が大学の教養学部時代に書いて投稿した小文《しょうぶん》が、朝日新聞に載《の》ったことがあります。私の書いた文章が活字になって全国で読まれたのは、それが最初です。

そのあと、大学に行ったら、いろいろな人から、「新聞に載っていたなあ！」と声をかけられ、恥《は》ずかしい思いをした覚えがあります。「文章がうまいね。名文だな」と言ってくれる人もいれば、「芥川賞《あくたがわ》を取ったんだって?」と言う人までいて、恥ずかしくてしかたがなく、しばらくは大学の構内を歩けなくなったことがあるのです。

そして、一カ月ぐらいしたら、朝日新聞から社名入りのバスタオルを送ってきました。表が緑で裏がオレンジの、すごく生地《きじ》の厚いバスタオルで、「Asahi Shimbun」とローマ字で書いてありました。それを洗面器の上にかぶせて銭湯《せんとう》に通《かよ》っていたことを覚えています(会場笑)。

古い話で申し訳ありません。私の書いた文章が新聞の全国版に載り、学生としては珍《めずら》しいことだったので、多くの人にからかわれた記憶《きおく》があるのです。

## 朝日は、中国や韓国《かんこく》の問題で、どう考え方を整理するのか

大川隆法　朝日新聞は、私が四十年間ぐらい読んできた新聞なので、私は朝日に対して別に悪意を持っているわけではありません。ただ、なぜか私とは意見が違うこ

とは多いのです。私の意見は産経や読売に近いことが多いと思います。ただ、朝日は情報を細かく分析《ぶんせき》したりしていますし、彼らの意見に鋭《するど》いところがあることは事実なので、読んでいて勉強になることも多いのです。そのため、「朝日には、頭のよい人がずいぶん集まっているのだろう」と感じます。

発行部数的には朝日新聞より読売新聞のほうが多いのですが、読売側も、「記事の質においては、まだ朝日に敵《かな》わないかもしれない」という思いを持っているように感じられます。

また、幸福の科学出版や幸福実現党の書籍《しょせき》広告もよく載せていただいているので、朝日に対して特別な悪意は持っていません。私の著書の広告は朝日から産経まで五大紙の全部によく載っています。

最近の朝日は、やや大人になっていて、記事のちりばめ方が非常に複雑であり、いろいろな読者層に当たるように書き分けていると感じられます。

むしろ東京新聞の記事のほうが徹底的な左翼《さよく》です。「地元を押さえていれば、まだ潰《つぶ》れることはない」と思っているのかもしれませんが、左翼として徹底しているような印象を受けます。

一方、私としては、朝日のほうに「揺らぎ」を感じています。

今、自民党を中心とするような政権の誕生が近づいているのであれば、朝日としては、論点を、どのように整備するのでしょうか。また、中国の反日暴動や韓国《かんこく》の反日感情、慰安婦問題、その他について、どのように考え方を整理していくのでしょうか。それを見たいところです。

さらには、幸福実現党について、どのように認識し、どのようなスタンスで考えているのか。多少は応援《おうえん》したい気持ちを持っているのか、それとも、「全然駄目《だめ》だ」と思っているのか、今日は、このへんまで伺《うかが》うことができれば、ありがたいと思います。

そして、もし幸福実現党とは反対の立場であったとしても、政治にかかわっている者としてのアドバイスがあれば、それを聴《き》いてみたいと思っています。

そのように、いろいろなことを考えているので、本日の収録は、欲張った、盛りだくさんな内容になるでしょうが、質問者のみなさんが、上手に突《つ》っ込《こ》んで訊《き》いてくだされば、NHKに続いて、「朝日の本音」が聞け、値打ちというか、ニュースバリューが出るでしょう。

本日収録の霊言は、すぐに本になるでしょうが、それを朝日の記者たちに勉強させたならば、彼らは、「ああ、うちは、こういう考えなのか。主筆の心が分かった」と言うかもしれません（会場笑）。

今は、対外的な問題と国内政局とで、とにかく非常に難しい時期だと思うので、「ここで、どう朝日が判断するか」ということを見たいところです。

## 朝日新聞主筆、若宮啓文氏の守護霊を招霊《しょうれい》する

大川隆法　では、若宮氏の守護霊を呼んでみます。自分を「守護霊だ」と認識してくれていると、ありがたいですね。

左翼系の人の守護霊の場合、自分が霊であることが分からなくて、霊だと言われると、「何というバカなことを言うのか」と怒《おこ》る人がよくいるので、参ってしまいます。「死後、あのようにはなりたくない」と私は思っています。

今回の守護霊には、できればスマートに出ていただきたいと思うので、拝《おが》むような気持ちで呼んでみます。

ただ、若宮氏の守護霊がそういう状態だったとしても、私には、朝日新聞を貶《おとし》める気持ちは、まったくありません。それは、「若宮氏本人が、そういうものを認めない思想の持ち主だ」ということです。

（合掌《がっしょう》し、瞑目《めいもく》する）

それでは、日本国民のために、また、世界とのかかわりにおいて、日本の方向を定《さだ》めるために、朝日新聞の論説の基本的な方向を決めておられる、若宮主筆の本心に迫りたいと思います。

いきなりなので、たいへんぶしつけであり、失礼かとは存じますが、若宮啓文主筆の守護霊よ、どうか、幸福の科学総合本部に降りたまいて、その本心を明かしたまえ。

若宮朝日新聞主筆の守護霊よ。

どうか、幸福の科学総合本部に降りたまいて、その本心を語りたまえ。

若宮啓文主筆の守護霊よ。

どうか、幸福の科学総合本部に降りたまいて、その本心を明かしたまえ。

（約二十秒間の沈黙《ちんもく》）

## 2 安倍《あべ》政権に対する「朝日の総意」とは

### 箱島《はこしま》元社長の守護霊霊言《れいげん》は「隕石《いんせき》が落ちた」ぐらい印象的だった

若宮主筆守護霊 ……。

小林 こんにちは。朝日新聞の若宮主筆でいらっしゃいますか。「守護霊」とお呼びしないほうが、よろしいのでしょうかね。

若宮主筆守護霊 うん?

小林 若宮主筆でいらっしゃいますか。

若宮主筆守護霊　うん？　うーん、ちょっとおかしいな。午後の予定は、こんなはずではなかったような……。あれ？

里村　急なインタビューが入りまして（会場笑）。

若宮主筆守護霊　いや、午後の予定は……。え？　こんな予定あったかなあ。

里村　秘書のほうで、組み替《か》えております。

若宮主筆守護霊　ええ？　入っていた？　午後にこんな予定があったかな？　幸福の科学のインタビューって、そんなの、あったかなあ。

里村　今、尖閣《せんかく》問題や韓国《かんこく》問題など、重要問題がたくさんありまして……。

若宮主筆守護霊　いや、そうだけど、「君らのインタビューを受ける」って、俺《おれ》、約束したっけ？

里村　ですから、急に入りました。

若宮主筆守護霊　ああ、急に入った？

里村　はい。それで、こちらのインタビューのほうに組み替えが行われました。

若宮主筆守護霊　誰《だれ》のコネで入ってきたのかな？

里村　いろいろな方のおつなぎがありまして。

若宮主筆守護霊　ああ、そうなんですか。ふーん。

里村　以前、箱島《はこしま》社長（箱島信一《しんいち》朝日新聞社元社長）の守護霊にも、一度、来ていただきました。

若宮主筆守護霊　あー！　あれは、印象的でしたねえ。

里村　（笑）ああ、そうなんですね。

若宮主筆守護霊　あれは印象的で、すごかったですね。あれは、何て言うんですかねえ。ちょっと、隕石《いんせき》が落ちたような感じだったですかねえ。あれはすごかったねえ。何、あれ？　守護霊って変なものがいるんだねえ。

綾織　月刊「ザ・リバティ」で掲載《けいさい》をさせていただきましたが、今回、それと同じパターンでお願いをしております。

若宮主筆守護霊　へえー！　箱島さんには、守護霊っていうものがいるんだ。

里村　はい。おります。

若宮主筆守護霊　ああ、そうなんだ。世の中には、あんな不思議なことがあるんだね。「本人と会わないで、本人の意見を言う」っていうことがあるんだねえ。

里村　ございます。

「自分が守護霊である」ことを認識できない若宮主筆の守護霊

綾織　今回も、若宮さんの守護霊をお呼びしているのですが、そのへんについてはあまり認識できないのでしょうか。

若宮主筆守護霊　「若宮さんの守護霊」って、若宮は私じゃないの？

里村　はい。

綾織　若宮さん、ご本人でいらっしゃいますか。

若宮主筆守護霊　私の守護霊って、どこにいるの？

里村　おそらく、ご自分では、なかなか見えないかもしれませんね（会場笑）。

若宮主筆守護霊　守護霊って何よ。だから、「箱島さんには、守護霊なるものがいた」っていうことだろう？

里村・綾織　はい。

若宮主筆守護霊　まあ、それは分かるよ。人ごとだから分かるけども、私はまだ生きているし……。

小林　「守護霊とは、若宮主筆の本心である」と思っていただければ……。

若宮主筆守護霊　ああ、本心。私が本心なの？　ああ、そうですねえ。

小林　今日のインタビューのテーマは「若宮主筆の本心」、またの名を「守護霊の霊言《れいげん》」と言うかもしれないですけれども……。

若宮主筆守護霊　私も、最近、有名になったからねえ。

小林　ええ。いろいろ取り上げられて……。

若宮主筆守護霊　まあ、週刊誌とかでも、ちょっと珍《めずら》しいし、「新聞にて取り上げられる」って、めったにないからね。そらあ、ナベツネみたいな者は、スキャンダルの山だろうけどさ。

まあ、私なんか、スキャンダルが出るような人間ではないからね。基本的にめったにないけど、ちょっと名前が知られてきたのかなあ。

里村　スキャンダルも、少し出たりしていますね。

若宮主筆守護霊　うーん。まあ、朝日の論説を書くような人に対しては、畏《おそ》れ多くて、普通《ふつう》は書けるものではないんだけどね。

## 「私たちが日本そのものだ」という主張

小林　一般《いっぱん》的に、新聞社の方が取材に応じられるケースは少ないのですが、若宮主筆は、過去の雑誌インタビューなどで、「私の場合は違《ちが》うよ」とおっしゃっていました。その寛大《かんだい》さにお願い申し上げて、今日は、いろいろな切り口から質問させていただきます。

若宮主筆守護霊　ああ……。

小林　メインは、「朝日新聞はまだ反日か」というテーマですので、ぜひ、インタビューを……。

若宮主筆守護霊　おおー。ずいぶん、すごい題じゃないか。君ら、右翼《うよく》か？

小林・里村　いえいえ。

若宮主筆守護霊　うん？

小林　われわれには、「右」も「左」もございません。

里村　「真上」です。

小林　（笑）

若宮主筆守護霊　うーん、「まだ反日か」って、私らは何も言っていない。日本をよくするために仕事をしているんじゃないか。反日ということはないでしょう？

小林　象徴《しょうちょう》的にですね……。

若宮主筆守護霊　私たちが「日本そのもの」なんだからね。何を言ってるんだ。

小林　ええ。よく存じ上げております。

若宮主筆守護霊　うーん。そうだろう？

小林　「特定の政治家がどうのこうの」という意味ではなく、最初のテーマとしては非常に象徴的で入りやすいので……。

若宮主筆守護霊　うんうん。

「安倍《あべ》の葬式《そうしき》は朝日で出す」という発言は「社是《しゃぜ》」でなく「総意」

小林　冒頭《ぼうとう》、大川隆法総裁のほうから、ご説明がございましたけれども、最近、発売になりました、この本ですね。

若宮主筆守護霊　うん？

小林　『約束の日　安倍晋三《あべしんぞう》試論』。

若宮主筆守護霊　ああ、安倍さんね。何でまた出てくるんだよ。もう、〝気の抜《ぬ》けたビール〟じゃねえか。ええ？

小林　この本のプロローグについて、冒頭、総裁から紹介《しょうかい》があったのですけれども……。

若宮主筆守護霊　うーん。

小林　私も、最近、読んだ本のなかでは、目玉が飛び出るぐらい、びっくりした箇《か》所《しょ》ではありました。

若宮主筆守護霊　恨《うら》みがあるんだろうなあ。

小林　政治評論家の三宅久之《みやけひさゆき》氏が、「人間にはよい面も悪い面もあるから、批判をするのはよいけれども、安倍君に関しても、是々非々《ぜぜひひ》で、よいところもきちんと取り上げたらどうかね」と、当時、論説主幹だった若宮主筆に尋《たず》ねたところ、言下《げんか》に「それはできません」と。

若宮主筆守護霊　うん。

小林　さらに、その前段がありまして、朝日新聞の幹部の方が、就任早々の安倍総理に関して、「安倍の葬式《そうしき》は、うち（朝日）で出す」とはっきりおっしゃったそうです。

若宮主筆守護霊　かっこいいなあ。うちが右翼みたいじゃないか。

小林　それを聞かれた三宅氏が、〝親分〟である若宮主筆に訊《き》きましたところ、言下に「それはできません」と言われた。それで、「なぜなんだ」と訊いたら、「それが、朝日の社是だからです」と答えられたそうです。

ここでは、「安倍さんが云々《うんぬん》」ということを申し上げているわけではなく、一つの象徴として述べています。「安倍の葬式を出すのが、朝日新聞の社是だからだ」と言われたということは……。

若宮主筆守護霊　エッへへへへへ。三宅は名前を変えたほうがいい。「にやけ」か何かに変えたほうがいいんじゃないか。

小林　一冊の本のプロローグとしては、非常に切れ味のよい書かれ方を……。

若宮主筆守護霊　いや、それは、朝日の名前を利用してだねえ、安倍は、「自分がいかに大物か」ということを宣伝したいだけなんだよ。そんな大げさなものではないよ。

小林　安倍政権が誕生して、約一年弱、客観的な第三者である私の目からしても、朝日新聞をトップとした猛攻《もうこう》が加えられたように見えました。それを外部の方が「一つの社是」と総括《そうかつ》をされたのだと思います。

若宮主筆守護霊　「社是」ということはないでしょう。それは「社是」ではなくて、「総意」ですよ。

小林　では、総意としてですね……。

若宮主筆守護霊　社是ではないですよ。総意なんだ。社是なんていうのは、何か書いて掲《かか》げてやらなければいけないじゃないの。こう、額縁《がくぶち》に入れてね。つまり、「社是でなくて、朝日の総意がそうだった」ということだ。

## 「安倍《あべ》は自分の退陣《たいじん》を朝日の責任に見せている」という批判

小林　朝日は全社を挙げて、総意で動かれたわけですね。

その見解は、今も引き続き朝日の総意なのですか。あれから、五年たちまして、今、世の中はだいぶ変わってきておりますが、そのあたりの総意に変更《へんこう》があるのでしょうか。

総意と言っても、朝日新聞の場合、論説の基本的な主張を決めておられるのは、外部のわれわれから見ても、やはり、若宮主筆であるように拝見されます。

そのあたりの論説における〝味付け〟や〝角度〟について、最初に尋ねさせていただければと思います。

若宮主筆守護霊　君ねえ、あまり、安倍《あべ》なんかに入れ込《こ》むんじゃないよ。気をつけたほうがいい。騙《だま》されるなよ。二代目なんか、ろくな者はいやしねえんだからさ。ほかのところに生まれていたら、ただの人なんだ。たまたま、いい家系に生まれたから総理になっただけで、普通の会社で言ったら、こんな者は課長で終わりの人だよ。

小林　こう申し上げては恐縮《きょうしゅく》ですけれども、若宮さんの場合も、いわば二世……。

若宮主筆守護霊　うーん。あっ。（舌打ち）何だ。

小林　（笑）そうですよね？

若宮主筆守護霊　うっとうしいなあ。

小林　確か、お父様は鳩山一郎《はとやまいちろう》元首相の首席秘書官でいらっしゃったと思います。

若宮主筆守護霊　君ねえ。うーん、まあ、いいや。

小林　その議論は脇《わき》に置きます。氏素性《うじすじょう》とか、そういうことではなく、要するに、五年前、当時の安倍氏の主張や政策に関して、「朝日新聞の総意」として一定の価値判断がかなりあったと思うのですけれども。

若宮主筆守護霊　まあ、ちょっとだよ。

その本は、俺、卑怯《ひきょう》だと思う。自分が退陣《たいじん》したことを、全部、朝日の責任かのように見せているじゃないか。朝日を大きく見せることによって、逆に自分の責任がないように見せている。こういうずるさは駄目《だめ》だな。

そういうずるさでねえ、こう、ブーメランみたいに返ってきて、「もう一回、総理に座ってやろうか」なんていう、この下心は駄目ね。こういうのは駄目だ。

## 3 「中国との関係悪化」は想定外だったのか

### 「考える力がない東京新聞」は「朝日の本心」を代弁している?

小林　いきなり本論に入り始めていますけれども……。

若宮主筆守護霊　ああ、そうか。うーん。

小林　再び、自民党総裁選のシーズンが来ました。

若宮主筆守護霊　安倍《あべ》はゾンビだからさ。ゾンビやドラキュラを葬《ほうむ》るのは、おまえたち宗教の仕事だろうが?　うちの仕事じゃねえよ。

小林　これから申し上げる引用が朝日新聞ではなくて、たいへん恐縮《きょうしゅく》なのですけれども、これは、今日（九月二十日）の東京新聞の一面です。

里村　（東京新聞の紙面を掲《かか》げる）

小林　先ほど、大川総裁からもご紹介《しょうかい》がありましたとおり、確かに、朝日新聞もいろいろな配慮《はいりょ》をして、主張を微妙《びみょう》に変えておられます。私も読んでいて、それはとてもよく分かります。

若宮主筆守護霊　うん、うん。

小林　そういう意味では、短兵急《たんぺいきゅう》な言い方ですが、もしかしたら、朝日新聞さんのいちばんの本心や本音をストレートに代弁しているのが、「東京新聞的なるもの」かもしれないのですが。

若宮主筆守護霊　ハッハッハハハハハ。東京新聞なんて、自分で考える力がないからさ。朝日から、全部、もらっているんだよ。

小林　次の自民党総裁選に関しまして、ここにグラフが載《の》っています。

若宮主筆守護霊　ああ。

小林　要するに、縦軸《たてじく》が「タカ派度」を表していて、横軸が「自助努力か、政府頼《だの》みか」という物指しです。

私は、この意見に必ずしも賛成ではないのですが、これに、自民党の五人の候補を当てはめてみたら、全員、第一象限（右上の欄《らん》）に入っています。東京新聞は、「全員がタカ派だ」ということを見せて、それに文句《もんく》を言っているわけです。

若宮主筆守護霊　まあ、東京新聞には、考える力がないからね。「『朝日が複雑にいろいろと書いているやつを、単純な頭で整理し直したらこうなる』ということを書けば、違《ちが》うバージョンの新聞ができる」と。それをやっているだけだからさ。

## 野田《のだ》首相になって、「朝日の本心」とは、だいぶずれた

小林　ということは、「今回の五人の候補者に関しては、朝日新聞としては、必ずしも、単純にタカ派とは見ていない」ということですか。

若宮主筆守護霊　まあ、それはねえ。いやあ、野田《のだ》はちょっと怪《あや》しい。野田は、民主党にしては怪しすぎる。怪しい野

田が民主党の首相になっちゃったから、これは、「朝日の本心」とは、だいぶずれたよな。

もともとは、こんなつもりではなかったからさ。鳩山《はとやま》が、あれほどむごい〝最期《さいご》〟になるとは、さすがに、ちょっと信じられなかったし、また、菅《かん》が、あれほどみっともない〝最期〟になるというのも、ちょっと信じられなかったよ。

小林　なぜそうなったのかの原因分析《ぶんせき》については、どのように思われていますか。

若宮主筆守護霊　うーん。まあ、でも、菅のときには、ああいう天災もあったしさ。天災があって、激動期だったから、誰《だれ》が首相をやっても大変だっただろうけど、原発の事故が起きて、左翼《さよく》運動のほうに持っていく道ができたから、あれでまた、生き残れる道はあったけどね。

しかし、鳩山が、沖縄《おきなわ》の問題で、あそこまでつまずくとは、ちょっと考えられなかった。あそこまでつまずくかなあ。

沖縄の対政府というか、「地方自治」対「政府」で、あんな力関係になるのは、ちょっと、今まで見たことがなかったからね。

鳩山は、さすがに、われわれの目から見ても、やっぱり名門の出だから、ちゃんと政治家としての教養は積んでいるはずだし、まったく政治を知らないはずはないので、「それなりのことはできる」と思っていたんだがな。

小林　ところが、辞任の前日になってやっと、「抑止力《よくしりょく》を学びました」などという驚《おどろ》きの発言がありましたよね。

若宮主筆守護霊　ちょっと驚きが多くて……。温家宝《おんかほう》と会った翌日に「辞《や》める」と言ったり、まあ、ちょっと驚きではあったなあ。

## 「戦争になるぐらいなら、島一つあげてもいい」と考えている

小林　若宮主筆ご自身は、国際政治における抑止力、いわゆる抑止論に関しては、一定の見解を持っていると理解してよろしいのでしょうか。

若宮主筆守護霊　それはまあ、私の見解もあるけど、実態論として、いろいろ動いているものもあるから、それは分けて考えなければいかん。理論だけでは生きていけないからね。

現実問題として、あんな中国の艦隊《かんたい》とか漁船とかがやってきたり、韓国《かんこく》の大統領が（竹島《たけしま》に）上陸したりしているから、やはり現実論をちょっとは言わなければいけなくなってきている。

小林　竹島問題に関しては、何年か前に、若宮主筆は朝日新聞のコラムで重大発言

をされましたよね。

若宮主筆守護霊　まあ、あれなあ。

小林　「竹島を韓国にあげてしまおうか」という発言をされたことについて、少し修正が要《い》るのではないかと思うのですが。

若宮主筆守護霊　粒《つぶ》みたいな島だからね。まあ、「あげてもいいかなあ」と思うような島ではあるんだけども、これほど大きな、国対国の対立になるというのは、ちょっとなあ。

綾織　尖閣《せんかく》についても、同じような考えなのでしょうか。「あげてしまってもいい」と考えているのですか。

若宮主筆守護霊　うーん、まあ、私の基本の考えは、「戦争みたいな事態になるぐらいだったら、島一つぐらい、どうでもいい」という……。

綾織　どうでもいい？

若宮主筆守護霊　まあ、そういう考えはあることはあるのでね。

中国の「お下品さ」にはショックを受けている

綾織　今、「中国の漁船が一万隻《せき》ほど来る」という話もあります（収録当時）。

若宮主筆守護霊　だけど、「今の中国の反応自体を、全部、容認できるか」と言われると、さすがにそれは苦しいなあ。

里村　ほう。

若宮主筆守護霊　やっぱり、日系企業《きぎょう》への攻撃《こうげき》の仕方は、ちょっと度を超《こ》しているよね、どう見ても。あんな焼き討《う》ちみたいなことをしたり、機械を壊《こわ》したり、ガラスを割ったり、商品を略奪《りゃくだつ》したり、これは一般《いっぱん》に、どの社会でも、そんなに簡単に許されることではないよな。

小林　そうですよね。一般の国民の目からは、「ただの強盗《ごうとう》ではないか」というように見えますからね。

若宮主筆守護霊　そう……。いやあ、アメリカでも、そういう暴動とか、略奪とかは起きるから、興奮すれば、そういうこともあるとは思うんだけどね。

小林　そうしますと、その部分に関しては、多少、見解の修正をされているのでしょうか。

若宮主筆守護霊　いや、正直に言えば、ちょっとショックだなあ。

里村　ほう。

小林　ショックですか。

若宮主筆守護霊　だから、ここまで……。まあ、主筆としては言葉選びは難しいんだけど、口でしゃべっているからしょうがない。

まあ、「ここまでお下品だ」というのは、ちょっとショックはショックだよな。

## 「中国政府からの便宜供与《べんぎきょうよ》」を後悔《こうかい》しているのか

小林　そうすると、出版記念パーティーを開いてもらったりするなど、あなたが、いろいろな便宜供与《べんぎきょうよ》を中国政府から受けたことに関しては、やや後悔《こうかい》の念があるのでしょうか。

若宮主筆守護霊　あれ？　君、週刊誌の人？（会場笑）うん？

小林　いえいえ、私は週刊誌の記者ではありませんので、「ホテルの部屋が誰と同室であったか」とか、そういうことは訊《き》きません。

若宮主筆守護霊　何なの？　君、何、何。なんか、ちょっと耳が……。

小林　私がお訊きしたいのは、あくまでも、「中国や韓国に関して、多少、見解の修正を入れられるのか」ということです。

若宮主筆守護霊　いや、君が言ったようなことが、たとえあったとしても、そんなものを乗り越《こ》えて主筆を張っているわけだから、やっぱり、私の力が分かるだろう。ああ？

小林　ええ。ただ、いわゆる下半身の話をしているわけではなくて……。

若宮主筆守護霊　したいんじゃないのか。

小林　首から上の頭脳の話を、今、申し上げているのですけれども。

若宮主筆守護霊　下半身だって人間の一部なんだから、バカにするんじゃない。

小林　要するに、同伴云々《どうはんうんぬん》の問題は別としまして……。

若宮主筆守護霊　同、同……。なんか、いやらしい。

小林　そのことをお訊きしているわけではなくて……。

若宮主筆守護霊　これは週刊誌じゃないのか、ほんとは。ええ？

小林　あれは、三カ月ほど前の週刊誌の報道でしたけれども……。

若宮主筆守護霊　内部にねえ、誰か嫉妬《しっと》したやつがいるんだよな。間違いない。

## 中国を文明国として擁護《ようご》するのは、さすがに厳しい

小林　朝日新聞の主筆と言えば、日本のオピニオンの「ザ・リーダー・オブ・リーダーズ」であり、その意味では、人権を守るのが朝日新聞の役割だったわけですよね。

若宮主筆守護霊　まあ、ちょっと珍《めずら》しい傾向《けいこう》だよな。

小林　「中国国内で、人権派の人たちがあれだけ弾圧《だんあつ》されて、拷問《ごうもん》を受け、それから、チベットやウイグルなどでも人権弾圧が行われているのに、そういう独裁国家からの便宜供与を朝日新聞の主筆が受けてよいのか」ということに対して、ずいぶん批判が集まったわけですよね。

その部分に関して、「ちょっと修正が要るかな」という見解に、三カ月を経て達

したわけでしょうか。

若宮主筆守護霊　いやあ、それは、ちっこい、ちっこい、ちっこい金額の話だろ？

小林　いやいや、金額の問題ではなく、スタンスの問題として、「中国から便宜を受けるというか、歓待《かんたい》を受けるのは、どうなのか」ということです。

若宮主筆守護霊　まあ、鳩山さんの言う「友愛」だよな。

小林　友愛でも結構なんですけれども……。

若宮主筆守護霊　だから、「中国との友愛を深めた」ということだよ。

小林　まあ、そういう部分があったにしても、今の尖閣問題における暴動、その他の状況《じょうきょう》を見ると……。

若宮主筆守護霊　いや、それで買収されて、「島をやる」とか、そんな話はしていないよ。

小林　やはり、「今は、少し考えは違う」ということですか。

若宮主筆守護霊　いやあ、なんかねえ、よく分からないんだけども、さすがに、文明国としては、ちょっとどうなんだろうかね。さすがに擁護《ようご》するのは厳しいよなあ。

小林　ええ。厳しいですよね。

若宮主筆守護霊　あれは厳しいレベルまで行っているなあ。擁護するのはちょっと厳しいし、武装警官をあれだけ並べているのに、物を投げ込《こ》んだり、窓ガラスを割ったり、日系の会社を焼き討ちしたりしている。普通《ふつう》、日本の警察だったら、あれは逮捕《たいほ》するよな。

小林　はい。しますね。

若宮主筆守護霊　絶対にするよ。だから、あれが、「愛国無罪」で通るというのは、やっぱり……。

小林　さらに、一説によりますと、「パナソニックを襲撃《しゅうげき》したときの放火の仕方は、プロの手口である」という報道もありましたので、そういうあたりも含《ふく》めて、さすがにこれは……。

若宮主筆守護霊　困ったねえ。

小林　ええ。困りましたよね。

## 「日・米・中が正三角形の関係になること」が理想だった

若宮主筆守護霊　だからねえ、私らの三年前の理想は、「過去のわだかまりを全部解いて、中国と非常に友好な関係を開いていこう」ということだったわけですよ。まあ、小沢《おざわ》さん（小沢一郎《いちろう》氏。当時、民主党幹事長）なんかも、（中国に）国会議員を連れていったように、お互《たが》いにツーツーになるような感じの非常に友好な国家になって、「米中だって接近してるんだから、日本だけが取り残されないようにしなければいけない」ということで、基本的には、「日・米・中が、いい感じの正三角形の関係になればいいかなあ」というふうには思っていたけどね。

綾織　ただ、それによって、日本とアメリカの間に距離《きょり》ができ、亀裂《きれつ》ができたわけですよね。鳩山さんと菅さんが、それをつくり出したんですよ。

若宮主筆守護霊　だけどさあ、アメリカが沖縄を占領《せんりょう》したのは一九四五年だけど、それから何年になるんだね？　六十何年？　六十七年ぐらいになるんだろう？

沖縄は、佐藤《さとう》さん（佐藤栄作《えいさく》）が首相のときに返還《へんかん》を受けたけれども、アメリカに占領されていた時期が長かったからね。

まあ、アメリカが現実に占領して植民地化し、ＧＨＱが来て日本を支配して、洗脳していたところから、日本がだんだん独立しようとしていくなかで、中国という、もう一つの遠心力が出てきたわけだ。

「この中国という巨大《きょだい》な力を遠心力に使うことで、日本は、アメリカの引力から少し外れて、本当の意味で自立するいいチャンスになるのではないか」と、われわれは考えたわけよ。要するに、「米中に別の方向に引っ張らせることで、意外に、日本が独立していけるのではないか」と考えたんだ。

綾織　しかし、中国のほうに寄りすぎて、吸収されていく方向にありますよね。

若宮主筆守護霊　だけど、アメリカは、実際に沖縄を植民地にして、二十何年間か知らんが占領していたんだからさ。今度は中国にその気配があるからと言っても、まだ現実に植民地にしているわけではないのに、中国のほうをすごく責めるのは、おかしい。まだやっていないところ（中国）を責めて、すでにやったところ（アメリカ）は無罪放免《ほうめん》というのは、行きすぎだよ。

〝南京大虐殺《ナンキンだいぎゃくさつ》〟は、日本の軍国主義化を牽制《けんせい》する「ビンの蓋《ふた》」

小林　チベットや新疆《しんきょう》ウイグル自治区、内モンゴルなどは、彼らの側からすると、みな、「われわれは独立国家だった」と言っていますので、すでに、そこには中国による植民地支配という歴史の現実がありますよね。

若宮主筆守護霊　それに関してはだねえ、日本の帝国陸軍《ていこくりくぐん》が、中国を内深部まで侵《おか》しまくったわけだからして、そういうことをやった日本には、それを言う資格はないよ。

里村　ただ、それは、国際社会全体が帝国主義だった時代のことであって、今、お話ししている中国の問題は、戦後のことです。

若宮主筆守護霊　少なくとも、日本には言う資格はない。中国に攻《せ》め込んだ日本が、「中国がほかの国を攻めた」みたいなことを言うのは、ちょっと資格がないよ。ほかの国には、それを言う資格があるかもしれないがね。

小林　そうしますと、「南京《ナンキン》で三十万人が虐殺《ぎゃくさつ》された」という説は、相変わらず信じておられるわけですか。

若宮主筆守護霊　いやあ、別に信じていないよ。

小林　もう信じておられないのですね。

若宮主筆守護霊　信じてはいないけども、それを出せば、日本の軍国主義化を止めることができるからね。あえて、向こう側の言説を、ときどきちらつかせることによって、自民党の安倍みたいな跳《は》ねっ返りが出てくるのを牽制《けんせい》することができるからさ。

別にねえ、私は「三十万」だと信じているわけではないんだ。あれは「三十三万」かもしれないし……。

里村　「三万」かもしれません。

若宮主筆守護霊　あるいは「二十九万」かもしれないから、細かいことは言わない。何らかの虐殺はあったとは思うけど、そんなことは、もう確認のしようがないのは分かっているし、向こうが記念館までつくって言っているんだから、まあ、そのとおりなんだろうよ。

日本の原爆《げんばく》記念館で、「何万人が死にました」と言っていても、アメリカだって確認のしようがないんだろうからさ。まあ、それと同じようなものだと思って、いちおう言うとおりに聞くしかないと思う。

ただ、ビンの蓋《ふた》を開けたら、安倍みたいな跳ねっ返りが、蚤《のみ》みたいに飛び出してくるから、そのビンの蓋をするのには使えるよ。

## 習近平《しゅうきんぺい》氏の「茶番」発言についての見解

小林　習近平《しゅうきんぺい》氏は、昨日（九月十九日）、「日本による尖閣の国有化は、茶番だ」という発言をしました。

若宮主筆守護霊　「茶番」という言葉が、ほんとに中国にあるのかねえ。それは、日本語なんじゃないか。

里村　いや、そういう意味の表現をしたわけです。

若宮主筆守護霊　中国では、お茶というのは、すごーく大事なものだからね。

里村　いやいや、そういう意味ではないですよ。

若宮主筆守護霊　中国では、お茶というのは、もう薬みたいなものだから、それは、「茶番」ではなくて、「すごく大事なことだ」と言ったんじゃないのか。

里村　いいえ、違います。

小林　「茶番劇」という意味の中国語が使われていて、「人民日報」の英語版でもfarce《ファース》（茶番）と表現されていますよ。

若宮主筆守護霊　うーん。

小林　尖閣の国有化に関して、茶番と……。

若宮主筆守護霊　だから、それは、きっと、ウ、ウ、ウロ……、ウーロンティーだと言ったんだよ。

小林　質問にお答えいただきたいと思いますが、習近平氏が茶番だと言ったことに対して、どのような見解をお持ちなのでしょうか。

若宮主筆守護霊　どこが茶番なのよ。何が茶番なの？　うん？

小林　日本政府の対応が、です。

若宮主筆守護霊　いやいや、「茶柱が立った」って言ったんじゃないの？

里村　それこそ、中国語には、「茶柱」などという表現はありませんよ。

若宮主筆守護霊　あ、そうか。それはないか。

まあ、習近平が、日本政府に対して茶番だと言ったのは、おそらく、「戦力がないにもかかわらず、中国に対して、偉《えら》そうに、『断固抗議《こうぎ》する』だとか、『領土問題は存在しない』だとか、中国が言うようなことを、日本が生意気にも言うこと自体が、お笑《わら》い種《ぐさ》だ」と言っているわけでしょう。

「日本がそんなことを言ったところで、実現できる能力もないくせに、中国並みのことをぬかすのは許せん」と、まあ、そう言っているわけだろう？

小林　それを肯定《こうてい》されるわけですか。

若宮主筆守護霊　いやあ、茶番という言葉はねえ、中国語のニュアンスがどうであったかは、ストレートには分からないけども、私も、最近、「中国は下品だなあ」

とは思っているからさ。
まあ、野田総理はともかく、民主党が尖閣の国有化を言うのは茶番かな。やっぱり、民主党がそれを言うのは茶番かなと思う。
民主党が尖閣《せんかく》の国有化に走るのは、「あってはならない背信行為《こうい》」

若宮主筆守護霊　民主党が、あんなふうに、尖閣《せんかく》諸島の国有化に走るなんていうことは、君、三年前にそんなことが考えられたか。

小林　それは、あってはならないわけですね。

若宮主筆守護霊　あってはならない。石原《いしはら》なら、分かるよ。石原の親父《おやじ》のほうな。慎太郎《しんたろう》が買いたがったのは、スタンドプレーだけども、それはありうると思う。

小林　「民主党が、私を裏切った」ということですか。

若宮主筆守護霊　民主党が、「鳶《とび》に油揚《あぶらあ》げ」のように（尖閣を）さらい、「石原に東京都有化をさせずに、ラグビーのボールでもひったくるかのように、国有化を進めた」というのは、ちょっと背信行為《こうい》じゃないかなあ。

小林　ということは、やはり、「尖閣は、もともと中国の領土だから、中国になってもやむなし」という考えですか。

若宮主筆守護霊　鄧小平《とうしょうへい》とは、「棚《たな》上げ」ということで話が決まっておったわけだから、棚上げでいいんじゃないの？

小林　しかし、今年に入ってから、「尖閣は中国の核心《かくしん》的利益である」と言って、中国の側から「棚上げ論」を壊してきたんですよ。

若宮主筆守護霊　「核心的利益」というのは、「核によって取れる利益」と言っているんだろう。まあ、そういうことだろう。

里村　「友愛精神」が中国に通じると、本心から信じていたのか

若宮主筆が、民主党への政権交代を選ばれたことが……。

若宮主筆守護霊　「民主党は、平和を求める政権だ」と信じていたからね。

里村　その平和は、言葉を替《か》えると、「事なかれ主義」だと思うのですが、その「事なかれ主義」が、結局、今回の尖閣の事態を生んだわけですから、これは、ものすごく皮肉なことだと思います。

若宮主筆守護霊　平和志向の政党に政権を取らせたら、国難というか、国防の危機というか、敵が攻めてくるという感じになった。これは、歴史的に見ると、「ヒトラーに対して宥和《ゆうわ》政策をとったら、攻め込まれた」というようなことに、ちょっと近い感じになっちゃったのかなあ。

里村　それに近いと思いますね。

小林　非常に鋭《するど》い洞察《どうさつ》だと思います。

若宮主筆守護霊　まあ、その程度の知識はないわけではないのでね。だから、あれは、おかしいなあ。中国の人も分かってくれると思ったのよ、鳩山の友愛主義をね。

小林　そうすると、やはり、中国に対する見立てを少し間違えたわけですか。

若宮主筆守護霊　私の感じでは、今ぐらいまでは、まだ鳩山がやっているはずだったのになあ。

友愛精神が中国に通じて、この東アジアに、ＥＵみたいな偉大《いだい》な共同体が出来上がっているはずだったんだけどね。

里村　今、若宮主筆の〝本心〟にお伺《うかが》いしているのですが、〝本心〟が、本心から（笑）、そのように友愛が通じる相手だと思っていたわけですか。

若宮主筆守護霊　でも、鳩山が理想家であることは間違いない。

里村　まあ、鳩山さんはそうですね。

若宮主筆守護霊　逆から言えば、「現実を知らない」というのは、そのとおりだけども……。

里村　鳩山さんは現実を知らないのでしょうけれども、若宮主筆の本心としては、どうだったのですか。やはり、「友愛精神が通じる」と信じたのですか。

若宮主筆守護霊　うーん、やっぱり、朝日の建前は、「かくあるべし」だからね。そういうことは、やはり推奨《すいしょう》すべきことではあるよ。

想定外の状況《じょうきょう》が起きたため、「本当に困っている」

小林　その結果、今のような状況《じょうきょう》になってしまったわけですが、これから、どうされるおつもりなのでしょうか。

若宮主筆守護霊　いやあ、それはねえ……。

小林　三年後に、想定外のことが起きてしまったので……。

若宮主筆守護霊　大変ですよ。

小林　ええ。大変だと思いますけれども。

若宮主筆守護霊　大変ですよ。もう蜂《はち》の巣をつついたみたいになっているんですよ。いや、われわれだってね、中国の監視船《かんしせん》みたいなものが、日本の巡視船《じゅんしせん》と並走《へいそう》したり、あるいは、それを迎《むか》え撃《う》たなければいけないような状況が出てくるなんて…

……。

小林　日本の領海内に入ってきて、侵犯《しんぱん》したり……。

若宮主筆守護霊　これは、ちょっと想定外だよ。

里村　さらに、監視船どころか、今日、今度は、中国海軍のフリゲート艦が尖閣の近海に現れました。

若宮主筆守護霊　君、脅《おど》すんじゃないよ。心臓が悪くなるから、もう、ほんと。

里村　いえいえ。脅しているわけではありません。

若宮主筆守護霊　あんまり脅すんじゃない。

里村　私は、朝日新聞の報道を見て言っているのですが。

若宮主筆守護霊　いや、困るな、これ（会場笑）。

里村　脅しているわけではなくて……。

若宮主筆守護霊　君、脅すんじゃないよ。もう、ほんとに困るんだ。うちだって困るんだからさ。

## 4　幸福の科学に感じる「言論のパワー」

### 朝日の上層部にも「大川隆法シンパ」はいる

綾織　その一方、朝日新聞は、特に中国の軍事関係の報道については、日本の新聞のなかでも最も先を行っておりまして……。

若宮主筆守護霊　うんうん、うんうん。

綾織　空母の報道ですとか、いろいろと軍事的な拡張の部分を……。

若宮主筆守護霊　海南島《かいなんとう》の軍事基地もスクープしたよなあ。

綾織　はい。そうですね。

若宮主筆守護霊　これは、朝日にしては、珍《めずら》しい動きだろう？

綾織　はい。社内にも、いろいろな考え方があるのだろうと思いますが、急に……。

若宮主筆守護霊　いや、そうなんだよ。だから、君ね……、あ、だんだん分かってきたよ。なんとなく感じが分かってきた。なんだか、よく知らないけど、今日、急に〝面談〟が入った理由が、なんとなく分かってきたような気がする。

まあ、要するに、朝日にも、大川隆法シンパはいるんだよ。

里村　ほう。

若宮主筆守護霊　シンパはけっこう根強くいて、上のほうにまで入っているのでね。けっこう入っているんだよ。下のほうにもいるけど、かなり上のほうにまでいて、われわれが、最終的な会議をして決めるレベルのところにまで入っている。だから、そういう人に順番が回ってくるときに、そういう記事が出る場合もあるけど、ファンは確かにいるからね。それで、今日、呼ばれたのか。そうかそうか。

綾織　若宮さんは、そういうシンパの人たちに突《つ》き上げられている状態なのですか。それとも、それに乗っかっているというか、容認しているのでしょうか。

若宮主筆守護霊　突き上げられているわけではないんですよ。決して突き上げられているわけではない。

いや、私だって、インテリの仲間であるからして、この世の中の動きというか、そういう本や論説、オピニオン等は、それはもう幅《はば》広く、いろんなものを見ているんですよ。

もちろん、大川隆法さんの言っていることも見ている。まあ、昔だったら、それは、ずいぶん外れた議論に見えるんだろうけれども、今の時点で、政治的に見れば、かなり、一方の雄《ゆう》となるような意見を言っているとは思っているよ。だから、「その一部を取り込《こ》んで、ときどき、そういうものを見せなければいけないなあ」と思ってはいるけどね。

## 「二〇三〇年代に原発ゼロ」が方針転換《てんかん》されたのは衝撃《しょうげき》だった

小林　今の若宮主筆のご見識からしますと、例えば、原発問題などに関しては……。

若宮主筆守護霊　ああ、原発か。

小林　もし本当に原発をゼロにしたら、やはり日本経済が成り立たないのではないかと思いますが、そのあたりは、実際、どう考えておられるのでしょうか。

若宮主筆守護霊　昨日《きのう》はなあ、朝日は、もう、みんなヤケ酒だったんだ。

里村　ああ。

若宮主筆守護霊　もう、みんな、朝日新聞からテレ朝まで、ヤケ酒でな。野田《のだ》の〝キッコーマン醤油《しょうゆ》〟に、「二〇三〇年代に原発をゼロにする」という閣議決定をやらせるはずだったのが、何だ、あれは。あれには、さすがに、みんな、衝撃《しょうげき》で……。

小林　一日で引っ繰《く》り返りましたね。

若宮主筆守護霊　あっという間に、なくなっちゃったんだよな。あれが裏切りでなくて、いったい何が裏切りなんだ（注。九月十九日、野田内閣は、二〇三〇年代に原発稼働《かどう》ゼロを目指すとした「革新的エネルギー・環境《かんきょう》戦略」の閣議決定を見送り、事実上、見直されることとなった）。

幸福の科学が撃《う》ち込《こ》んだ「原発推進」の〝弾《たま》〟の影響力《えいきょうりょく》

小林　あれは、なぜ、引っ繰り返ってしまったと思われますか。

若宮主筆守護霊　いやあ、毎日新聞にさあ、もう、「大江健三郎《おおえけんざぶろう》に…」、何？

小林　広告が載《の》っていましたね。

若宮主筆守護霊　「大江健三郎に」、何だったかなあ、「脱《だつ》原発の真意を問う」？

小林　『大江健三郎に「脱原発」の核心《かくしん》を問う』（幸福の科学出版刊）です。

若宮主筆守護霊　なんか、そんなのが、毎日新聞にベーンと五段抜《ぬ》きで載ったよな。それで、厳しいことが書いてあったよな。なんとなく、あれで、野田が、かなり反応したような感じは受ける（『ＮＨＫはなぜ幸福実現党の報道をしないのか』参照）。

小林　ああ、なるほど。そういう分析《ぶんせき》ですか。

若宮主筆守護霊　まあ、それもあるけども、その前から、経団連系は、やっぱり脱原発に反対はしていたんだが、マスコミのほうは、「国民の多数は、脱原発だ」という意見で、だいぶ染め上げていたわけだよ。

それを、幸福の科学のほうから、バンバン〝弾《たま》〟を撃《う》ち込《こ》んでくるじゃないか。

小林　はい。

若宮主筆守護霊　それを見て、経団連系が、「脱原発は国民の総意ではない」と判断し、意見を強く打ち出してき始めたんだよね。要するに、「マスコミの意見だけではない言論が存在する」ということでね。

それと、経済産業省とか、防衛省とかは、幸福の科学の言論に、けっこう賛成なんだよな。彼らは、けっこう賛成の考え方を持っているんだよ。

いや、あれは、突如《とつじょ》、崩《くず》されたというか、ちょっと政変のような、何と言うんだろうかねえ、伏兵《ふくへい》というか、突如の待ち伏《ぶ》せというか、何かそんな感じだったな。

小林　ええ。週末に、パッと引っ繰り返りましたね。

若宮主筆守護霊　あんなはずはないよな。いきなりだよねえ。

里村　その大きな影響力《えいきょうりょく》の一つが、先ほどから主筆がおっしゃっているように、大川総裁や幸福の科学から発信された「原発推進」の意見なのです。

若宮主筆守護霊　うーん。

幸福の科学の「言論パワー」に共鳴《きょうめい》する人は大勢いる

里村　そういう意見が載っている霊言《れいげん》本の広告を新聞に出しているのですが、先ほど、「朝日新聞社内にも大川総裁の影響が及《およ》んでいて、上のほうにも本を読んでいる人がいる」と……。

若宮主筆守護霊　うん。まあ、それはいる。

里村　そうであるにもかかわらず、一部の霊言本の新聞広告について、朝日新聞さんのほうから掲載《けいさい》を断られたことがあるんですよ。それは、なぜなのでしょうか。

若宮主筆守護霊　うーん。いや、よく載せたじゃないか。何度も載せたよ。

里村　まあ、以前はそうですね。

若宮主筆守護霊　うん。何度も載せてるじゃない？

里村　ええ。

若宮主筆守護霊　いや、あれはねえ、だから、今回の自民党の総裁候補のタカ派たちは、みんな、大川隆法の本を読んでいる人ばっかりだよ。
　野田だって読んでいるよ。野田以外の、さっきのグラフの左のほうの人だって、まあ、赤松《あかまつ》（赤松広隆《ひろたか》氏）あたりは読んでいないかもしれないけど……。

小林　原口《はらぐち》さん（原口一博《かずひろ》氏）とか。

若宮主筆守護霊　ほかの人は読んでいるよ、たぶん。だから、影響はそうとう出てきている。

里村　当会の講演会にも来ています。

若宮主筆守護霊　うん。だから、そらあ影響は出ているよ。宗教団体は数だけが力だったのが、かなり大きな、何ていうか、潜在的《せんざい》な言論のパワーがかなり出てきたというか……。

小林　なるほど。

若宮主筆守護霊　まあ、「潮《うしお》」（創価学会《そうかがっかい》系の月刊誌）などには、言論パワーは、ほとんどないんだよね。出してはいるけど、ほとんど、自分たちの宣伝だけで終わっているからね。

だけど、幸福の科学には、自分たちの宣伝だけではなくて、何ていうのかなあ、ちょっとマスコミみたいなところがあるよね。「国論を動かしたい」とか、「言論をリードしたい」とか、そんな意志がはっきり入っている。

それがちょっと入っているので、それに共鳴《きょうめい》する人たちがいることはいるんだ。ただ、私たちも、幸福の科学の意見に全部反対しているわけではなくて、大阪維新《おおさかいしん》の橋下《はしもと》（橋下徹《とおる》氏）なんかについての考え方は、あんたがたと似たような考え方を持っているんだよ。

里村　ええ、そうですね。

若宮主筆守護霊　私たちも、「あれは、いかがわしい」と見ている。そのへんの意見は、別に外れていないよ。

## 5　自民党のリーダーたちへの判定

自民党総裁候補は全員タカ派で、朝日としては推《お》しようがない

綾織　今の政治の流れのなかで、次は、誰《だれ》を推《お》そうとしているのでしょうか。

若宮主筆守護霊　「推そう」ったって、これでは、しょうがない。選びようがないじゃないか。

綾織　民主党の代表は、野田《のだ》さんになりそうですが（注。本霊言《れいげん》収録の翌日、九月二十一日の代表選で、野田氏が再選された）。

若宮主筆守護霊　みんなタカ派で、どれを選べっていうんだよ。

里村　どうされますか

若宮主筆守護霊　「どのタカがいいか」と言われたって……。

綾織　そこは困っているわけですね。

小林　できれば、個別にコメントを聞かせていただけないでしょうか。

若宮主筆守護霊　野田までタカだったら、もう全部タカじゃないの？　どうしようもないじゃないか。

小林　石原伸晃《いしはらのぶてる》氏については、どう見ていますでしょうか。

若宮主筆守護霊　うーん……、これは、いったい、何の会なんだ？

綾織　本心を伺《うかが》いたいのです。

若宮主筆守護霊　俺《おれ》は、なんか、国会に……。

里村　いやいや、これはインタビューです。

綾織　朝日新聞の影響力《えいきょうりょく》はかなり大きいですから……。

小林　若宮さんは、日本を代表する言論人ですしね。

若宮主筆守護霊　朝日の主筆を〝国会〟に喚問《かんもん》してはいかん。

綾織　先ほど、「朝日新聞は日本そのもの」とおっしゃいましたが、確かに、日本への影響は大きいですね。

若宮主筆守護霊　喚問されているような……。

里村　いえ、インタビューです。

若宮主筆守護霊　これがインタビュー？　そうか？

## 「石原伸晃《いしはらのぶてる》は、父・慎太郎《しんたろう》と考え方が一緒《いっしょ》だろう」と読んでいる

小林　石原伸晃《いしはらのぶてる》氏に関しては、どういう見方をされているでしょうか。

若宮主筆守護霊　君ね、それは、朝日新聞の〝核心《かくしん》的利益〟にかかわるからさ（会場笑）。「主筆の考え」ということで、みんなにこれを読まれると、核心的利益が侵《おか》される恐《おそ》れが……。

綾織　いや、仕事がしやすくなると思います。

若宮主筆守護霊　そういう考えもあるか。
まあ、だけど、自民党は全員タカ派だし、民主党は野田に決まっているから、野田もタカ派で、全部タカだよな。そのなかから、「どのタカが好きか」と訊《き》かれて

みろよ。君ね、これに答えるのは、そう言ったたって、簡単なことではないよ。

小林　伸晃さんについては、答えにくいですか。

若宮主筆守護霊　いやあ、親父《おやじ》があれだからさ。親父があれだから、親父があれだよな（会場笑）。慎太郎《しんたろう》だから、基本的に、あれから、そんなに外れるような考え方を持っているはずがないよな。

外れようとしたって、親父が文句《もんく》を言うに決まっているからさ。あの親父は、どうせ、「勘当《かんどう》するぞ！」って言うんだろう？　息子《むすこ》が自民党の総裁だろうと、「俺の言うことをきかないんだったら、勘当だ！」って言いかねない親父だからさ。まあ、親父の七光りで偉《えら》くなったのも事実だから、そのへんは、持ちつ持たれつだろう。

伸晃さん自身には、基本的に、温和な面が一部あると思う。親父に比べればね。だけども、いちおう、「考え方には親父の影《かげ》がある」と見なければいけないとは思っているので、まあ、親父と、伸晃の外見から感じられるものの中間あたりのところが真実かな？　そういう見方だ。

小林　そうですか。

若宮主筆守護霊　親父が野田を攻撃《こうげき》しているじゃないか。「（尖閣《せんかく》諸島に）船だまりをつくれ」だとか、「灯台をつくれ」だとか、ギャアギャア言っているじゃない？伸晃は、（総理総裁に）選ばれたら、絶対言われるに決まっているよ。親父に勝てるわけがないから、絶対つくらされるな。

だから、やっぱり、「考えは一緒《いっしょ》だ」と捉《とら》えるべきだよ。嫌々《いやいや》させられるかもしれないけど、基本的には、やることは一緒だろう。そういう感じだな。

「石破茂《いしばしげる》は本物の軍事戦略家かどうか」の分析《ぶんせき》ができていない

小林　石破《いしば》氏に関しては、いかがでしょうか。

若宮主筆守護霊　石破なんてのは、こんなどさくさでなければ、総裁候補に出てはいけない人だよ。プラモデルをつくっていればいいんだ。あんなのが出てくること自体、異常事態だな。「東京湾《わん》にゴジラが登場したので、出動した」みたいな、そんな感じじゃないか。

綾織　政策的に何が嫌ですか。軍事的なところ、軍事オタクのところが駄目《だめ》なのでしょうか。

若宮主筆守護霊　もう、ただのオタクだろう？　だから、何《なん》にも分かっていないじゃないか。ただただ戦争したい。戦争が好きなだけだろう？

綾織　必ずしも、そうではないと思います。

若宮主筆守護霊　戦争が好きで、軍艦《ぐんかん》（プラモデル）をつくって、遊んでいるんだろう？　彼は、何の因果《いんが》か、おもちゃみたいなやつが、海に浮《う》かんで進んでくるのを、テレビが映してくれるもんだから、興奮しているんだろう。すごく興奮してきて、その興奮が、みんなにはオーラに見えてきているんじゃない？

里村　（笑）

若宮主筆守護霊　そんな感じじゃないか。

まあ、「待ってました」という感じで、なんか、えらい強気で、具体的な発言をして、周りをちょっと圧倒《あっとう》してきたような感じがするよな。

里村　私の見方ですが、三年前、若宮主筆主導によって政権交代が起き、日本が平和主義的な傾向《けいこう》に向かっていったところ、中国が増長して動き出し、その結果、石破さんのような方が登場するチャンスが出てきたのではないでしょうか。

若宮主筆守護霊　いやあ、軍事オタクが本物の軍事戦略家かどうかは、まだ、分析《ぶんせき》としてはできていないからさ。

オタクとして、プラモデルで〝戦争〟をしている分にはいいよ。遊びとしてはいいけど、本当に衝突《しょうとつ》することになったときに、本当に通用するのかどうか。これはリアリスティックな分析だからね。

ケネディみたいな人だったら、それなりの覚悟《かくご》を持って立ち向かうだろうけど、本当にそんな人かどうか、君らには分かるか。

里村　うーん……。

## 安倍晋三《あべしんぞう》氏は、「右翼《うよく》のふりをして強がっているだけ」？

小林　次は、少し禁断の質問になるかもしれませんが、ちょうど、町村《まちむら》さんが入院されたので、あえてお訊きしますけれども、もし、安倍さんが総裁になったら、どうされますか。

若宮主筆守護霊　ゾンビだろう？　ゾンビは、君たち宗教が葬《ほうむ》らなきゃいけない。死んだやつが生き返ったら、それを始末するのは、本来、宗教の仕事であって、われわれの仕事ではないと思う。

小林　では、前回のような……。

若宮主筆守護霊　安倍《あべ》には、ちょっと反省してもらわないといけないね。朝日のせいで葬られたような言い方をしているが、全部、己《おのれ》のせいだろう？　自分の失政と、自分に胆力《たんりょく》がなく器《うつわ》が小さいために、責任を負いかねて投げ出し、それで逃走《とうそう》した人間じゃないの？

里村　失政とは何でしょうか。

若宮主筆守護霊　失政？　全部が失政じゃないか。何を言ってるんだ。

里村　教育基本法の改革が失政ですか。

若宮主筆守護霊　もちろん、教育基本法の改革から、国民投票法から、もう、軍国主義の軍靴《ぐんか》の音が聞こえるよ。

里村　防衛庁の防衛省昇格《しょうかく》もありました。

若宮主筆守護霊　まあ、極右に見せて、強がっているだけだと思うけれどもね。ああいう中身のない人間が、右翼《うよく》のふりをして強そうに見せ、国民を騙《だま》すのは、なかなか許せるもんじゃない。

里村　「右翼のふり」とおっしゃいましたが、私には、国家としてやるべきことをされたように見えますし、安倍さんが掲《かか》げた「戦後レジームからの脱却《だっきゃく》」も……。

若宮主筆守護霊　〝宝くじ〟に当たって、五十二歳《さい》ぐらいで総理になった人なんだから、こんなの、総理になるような器じゃねえよ。

里村　「宝くじ」とおっしゃいますが、小泉純一郎《こいずみじゅんいちろう》氏が首相のとき、安倍さんは、官房《かんぼう》長官として、北朝鮮《きたちょうせん》による日本人拉致《らち》問題等で活躍《かつやく》をされています。

若宮主筆守護霊　能力がないから、一年で（政権を）放り出して逃《に》げたんだろう？　石原《いしはら》氏・石破《いしば》氏・安倍《あべ》氏の誰《だれ》が総理になっても、「撃《う》ち落とすつもり」

小林　そうすると、だいたい、今のお三方くらいが……。

若宮主筆守護霊　有力なんだろう？

小林　はい。それで、若宮さんとしては、どうするおつもりでしょうか。

若宮主筆守護霊　どれにしたって、とにかく撃《う》ち落とさなければいけない。それは一緒なんだよ。撃ち落とさなければいけないんです。

だから、「どれが撃ち落としやすいか」「何《なん》によって撃ち落とすか」を、今、考えているところだ。

石破《いしば》なら、経済のところで撃ち落とすしかないだろうなあ。うん。経済のところから撃ち落としにかかるしかない。

安倍《あべ》だったら、前回の続きだから、やっぱり、責任放棄《ほうき》した、その無責任なところを追及《ついきゅう》することから始めなければいけないだろう。

あとは、石原伸晃《いしはら》か。中庸《ちゅうよう》を取ると、（総裁は）石原になる可能性が高いと思うんだけど、これは、やっぱり、親父をスキャンダルネタに使わざるをえないな。親父との組み合わせのところを、スキャンダルネタで使うしかないですね。「こういう〝院政〟はあっていいのか」というスタイルで行くしかないなあ。

小林　基本的には、誰がなっても、引き倒《たお》しにかかるわけですか。

若宮主筆守護霊　三人のうち誰がなったって、撃ちますよ。

小林　それは、社是《しゃぜ》ですか。それとも総意ですか。

若宮主筆守護霊　ただ、外国の問題がちょっとあるからなあ。

## アメリカは、沖縄《おきなわ》から撤退《てったい》しても日本を助けに来てくれるのか

小林　そうなんですよ。尖閣の件にしても何にしても、五年前とは違《ちが》います。

若宮主筆守護霊　アメリカはまだ潰《つぶ》れていないし、日米安保《あんぽ》もまだ切れてはいないから、中国の習近平《しゅうきんぺい》が……。

小林　ただ、アメリカは、尖閣に関して、「まず自国で守ってほしい。そうしなけ

れば、安保の発動はできない」と言っているので、今は、「一撃を加える」という決断のできる人が必要です。

若宮主筆守護霊　だけど、千隻《せき》も漁船が来たら、逮捕《たいほ》できないじゃない？

小林　いや、あらかじめ、「撃沈《げきちん》するぞ」と言っておけばいいんですよ。

若宮主筆守護霊　そんなの無理だよ。ああ、（与党《よとう》は）民主党ではなくなるのか。そうか、そうか。自民党になると、撃沈命令が出せる。石破は出すなあ。安倍も出すなあ。石破と安倍には撃沈命令を出す可能性があるなあ。石原は、親父に伺いを立てて、親父が代わりに都庁で記者会見をし、「『撃て』と命じた」と言って、まあ、撃つだろう。そういう意味で、三人とも撃つか。ふーん。

だけど、そのあとを考えなければいけない。だから、「核兵器を持っている核大国の戦力を客観的に冷静に見極《みきわ》めた上で、国の安定・安泰《あんたい》を図《はか》らねばならない」という論説を書くだろうな。

綾織　中国は核を持っているので、戦力を見極めていったら、「中国に屈服《くっぷく》する」という話になりませんか。

若宮主筆守護霊　いや、それは、「アメリカとの緊密《きんみつ》な連絡《れんらく》の下《もと》に、冷静な判断をする必要がある」ということだ。

綾織　しかし、朝日新聞は、沖縄《おきなわ》の米軍基地反対運動を盛り上げています。これは、「アメリカは出て行け」というメッセージですよね。

若宮主筆守護霊　アメリカは寛大《かんだい》だから、サンフランシスコからでも、ロサンゼルスからでも出動するよ。沖縄から出なくても、別に……。

綾織　オバマさんの場合、そうしてくれるとは限りませんよ。それに、沖縄から米軍が……。

若宮主筆守護霊　困る。困ったね。沖縄も反対運動をやっていたのにさ。尖閣って、いちおう沖縄県に入るわけだから……。

小林　やはり、沖縄での反対運動をけしかけていたのですか。

若宮主筆守護霊　それはそうだろうよ。当たり前じゃないか。私たちは、住民の味方だからな。

綾織　オスプレイ配備反対というのは、もう、論理としては通りませんよ。

若宮主筆守護霊　新聞社のヘリコプターだって、よく落ちたんだよ。だから、その怖《こわ》さはよく分かっているんだよ。

小林　話を戻《もど》すと、おそらく、次の総選挙では、自民党が第一党になると思います。するとと、自民党から首相が出るでしょうが、今、挙げた三人のうち誰がなっても、今の国際情勢から行くと、ちょっと撃ち落としがたいのではないでしょうか。

若宮主筆守護霊　いや、分からないよ。鳩山《はとやま》さんみたいなことがあるわけだから、正反対のことだってあるかもしれない。

石破が先走って、宣戦布告なんかしてしまい、そして、中国が、ものすごく怒《おこ》って、「よく分かった。大陸間弾道弾《だんどうだん》は、アメリカへの照準を外し、全部、日本に向けた！」とか言ってみろよ。石破に辞《や》めてもらわないといけない。

小林　今、おっしゃっていただいていることは、全部、書籍《しょせき》になって世に出ます。石破さんも読まれて、事前学習をされるでしょうから、その心配は要《い》らないと思います。

若宮主筆守護霊　石破は辞めなければいけない。全部、日本に向けられてごらんなさいよ。大陸間弾道弾みたいなのを、全部、日本に向けられたら……。

# 6　次の選挙での「朝日のスタンス」

## 野田《のだ》首相は、解散総選挙から逃《に》げようとしている

綾織　朝日新聞社として、「次の選挙で、どういう報道スタンスをとり、誰《だれ》を撃《う》ち落とすか」ということもあるでしょうが、「誰を推《お》すか」ということもあると思います。そのへんは、いかがでしょうか。

若宮主筆守護霊　今、野田《のだ》はね、（解散総選挙から）逃《に》げようとしている。それは見えているんだよ。野田は逃げようとしているんだ。

谷垣《たにがき》が〝明智光秀《あけちみつひで》〟に寝首《ねくび》をかかれて、退陣《たいじん》になったからさ。「谷垣と二人だけで会って、（解散を）約束した」というのが、ミソだよな。立会人《たちあいにん》がいたら終わり

なんだけど、ここは知恵《ちえ》が足りなかった。これが、谷垣のアホなところなんだよな。立会人がいて、「私が証人で、ちゃんと聞いています」と言われたら、解散をやらざるをえない。普通《ふつう》はそうするよ。

ところが、両者の話し合いで決着がついた。普通は、第三者が立ち会いに立つか、書面で残す。それを口約束だけで信じた谷垣というのは、軽いよな。

綾織　ここに来て、「選挙はかなり先になるだろう」と見ているわけですね。

若宮主筆守護霊　野田は、今度は、国防の問題と、来年度予算を通すことを理由にして、ちょっと粘《ねば》り、空気が変わるのを待とうとするだろうね。その間《あいだ》に、中国のほうが収まってくれるのを、今、狙《ねら》っていると思うんだ。

中国が沈静《ちんせい》化して、国民が、「やっぱり野田政権のほうがやりやすい。自民党は危険だ。非常に怖《こわ》い人ばっかりだから、野田のほうがまだましだ。民主党には左翼《さよく》がついていて、これが足を引っ張るので、中国とは戦えないだろう。だから、こっちのほうがいい」と判断するのを待っているな。

「次の総理」は、朝日と読売で順番に決めている!?

綾織　選挙は、来年には確実にあるわけですし、衆参同日選の可能性もあるわけですが、そこで、「朝日新聞がどういう発信をするか」というのは、非常に影響《えいきょう》が大きいと思います。

前回の衆院選では、「民主党を応援《おうえん》する」ということで、はっきりと方向性を出したわけですよね。

若宮主筆守護霊　前回は、朝日だったから、今回は、一回休みなんだよ。

綾織　休みですか。

若宮主筆守護霊　一回休みで、今度は、読売が決める番なんだよ。

綾織　順番になっているのですか。

若宮主筆守護霊　次は、読売が総理を決める番なんだよ。

小林　七社会《ななしゃかい》という、大手マスコミ七社の幹部が集まる会合がありますね。

若宮主筆守護霊　七社会といっても、朝日と読売しかないんだよ。

小林　〝二社会〟でもいいですが、若宮さんは、ナベツネさんと、ずいぶん懇意《こんい》だそうですね。

若宮主筆守護霊　まあ、この前は朝日が総理を決めたから、次は読売が決める番なんだよ。

小林　要するに、順番にやっているわけですか。

若宮主筆守護霊　だから、その間《あいだ》は少し静観しなければいけないとは思う。それで、失敗し始めたら、猛攻《もうこう》をかける番が回ってくるわけだな。

綾織　しばらく、それほど強いメッセージは出さないわけですね。

若宮主筆守護霊　だから、俺《おれ》なんか呼ばないで、ナベツネを呼んだほうが早かったんじゃないか。あいつが決めるからさ。うん。次はナベツネが決めるよ。

里村　ほう。

## 読売新聞の渡邉《わたなべ》恒雄氏は、橋下徹《はしもととおる》氏を嫌《きら》っている

若宮主筆守護霊　ナベツネは、橋下《はしもと》が嫌《きら》いだから、安倍は、橋下を使おうとしていたけど、やめようとし始めている。ナベツネの意向が分かったから、(安倍も橋下を) 嫌い始めているね。

里村　確かに、ちょっと距離《きょり》を置き始めていますね。

若宮主筆守護霊　ええ。そう動こうとし始めている。ただ、安倍は、基本的に、幸福の科学の考えと、ほとんど変わらないんだな。

## 7 「幸福の科学」と「幸福実現党」をどう見ているか

### 日本人の尖閣《せんかく》上陸を「幸福実現党の党員」と報道した朝日新聞

綾織　先ほどから、軍国主義などの言葉が出ていますが、その文脈で言うと、幸福実現党というのは、どのように見えているのでしょうか。

若宮主筆守護霊　ああ、そんな政党もあったかな。いや、まだ、この世には存在していないんじゃないの？

里村　いやいや、ちゃんとあります。

綾織　全国で活動しております。

若宮主筆守護霊　君たちの頭のなかだけにある、仮想空間、バーチャルリアリティーのようなものだろう。

里村　先日、幸福実現党の党員が尖閣《せんかく》諸島に上陸し、これを報じた朝日新聞の電子版には、ちゃんと「幸福実現党の党員」と書いてありました。途中《とちゅう》で、いつの間にか消されましたが、最初に出た記事には「幸福実現党の党員」と入っていましたね。

若宮主筆守護霊　それは、暴力団の組の名前みたいなものなんじゃないの?

里村　いえいえ。

最初、「幸福実現党党員」と報じたのは、やはり、朝日新聞の社内にも、幸福実現党への期待論があるからではないでしょうか。私はそう思います。

　橋下徹《はしもととおる》氏は「良識を欠《か》いている」、安倍《あべ》氏の再登板は「許せない」

小林　小選挙区比例代表連用制を導入した場合、幸福実現党も、一議席ないし二議席ぐらいは獲得《かくとく》できるシミュレーションが出ておりますので、国政進出は、だんだん現実の問題になってくると思います。

若宮主筆守護霊　いやあ、まだ、ちょっと、橋下《はしもと》現象がね。橋下をガーッと持ち上げたけど、今、急に下がっていこうとしているんだよ。

　うちは、すごく低い評価でさ。要するに、橋下も、いちおう保守を名乗って、日教組《にっきょうそ》から何から、改革をやる気でいるからさ。それと、「市長のままで党首をやる」というのは、やっぱり無責任だね。これは、ちょっと良識を欠《か》いているように見えるよ。

だから、これに関しては、「それほどバカなことはしたくはないな」と思っておるんだ。

ただ、安倍《あべ》の再登板はない。やっぱり、これは許せない。絶対に許せないな。せっかく〝葬式《そうしき》〟を出したのに。

## 幸福実現党は三連敗しても、まだやるつもりなのか

綾織　あのー、実現党のことなんですが。

若宮主筆守護霊　ああ、実現党。そんなのもあったか。そうだな。もう、無所属で立候補して、そのあと、自民党に入れてもらったらいいんじゃない？　それがいちばん早い。そうしたら何人か当選するよ。無所属で立候補して、当選したら自民党の派閥《はばつ》に入れてもらう。そのほうが早いんじゃないか。

小林　国論を変えることが、私たちの大きな目的の一つなので、独立政党として独自の意見を主張し、議席を獲得していくことが必要なのです。

若宮主筆守護霊　幸福実現党ねえ。まあ、そんなに大きな話題にはなっていないのでね。みんな、「どうせゼロ議席だろう」と思っていて、「三連敗で記録を更新《こうしん》し、それで、まだ、もつかなあ。どうかなあ」というあたりに関心があるな。三連敗して、まだやるんだろうか。

小林　勝つまで、やります。

若宮主筆守護霊　そのへんは関心があるよ。

## 幸福の科学への評価は、朝日新聞社内でも半々に分かれている

小林　もう一段、大きく見て、幸福の科学に関しては、どのように見ていますか。

若宮主筆守護霊　幸福の科学かあ。幸福の科学に関しては、半々ぐらいかな。

小林　半々というのは？

若宮主筆守護霊　まあ、（幸福の科学に対して）反対の考え方を持っている人も当然いるけども、一定の尊敬の念を持っている人も半分ぐらいはいる。

それと、あんたは、「一部の霊言集《れいげんしゅう》について広告が出ない」と文句《もんく》を言うたけども、出しすぎたぐらい、けっこう広告は出したよ。

「朝日新聞が、ああいう霊言集の広告を出す」ということについては、朝日の昔

からの固定読者のなかには、「こんなのを認めていいのか」という意見があって、そういう声をずーっと受け付けているんだよ。それを抑《おさ》えて、金儲《かねもう》けに走って……、いやいや、金儲けに走ったんじゃなくて、それを抑えて、「良識的判断により、一定の社会現象として認められる」ということで、載《の》せたんだからさ。

小林　若宮主筆は、その半々のうち、当会に対してポジティブなほうに位置づけられるのでしょうか。

若宮主筆守護霊　はっきり言って、今までの、「宗教」という範疇《はんちゅう》には入らない団体だとは思っています。まあ、「文学部宗教学科の宗教」ではなく、「法学部政治学科の宗教」という感じだな。だから、「祭政一致《いっち》になるのかなあ。政治と宗教が一《いっ》緒《しょ》になるのかなあ」というような感じをちょっと受けている。

## 幸福の科学が日銀や財務省へ切り込《こ》んだのは「すごい」

若宮主筆守護霊　それと、やっぱり、ときどき鋭《するど》いよな。言ってくることが、ときどき鋭い。

小林　最近では、どのあたりが、「鋭かったなあ」というご感想でしょうか。

若宮主筆守護霊　うーん。いやあ、（答えるのは）苦しいなあ！　なんか、鳩山《はとやま》みたいになったら、どうするんだよ。私が、「勉強させていただきました」なんて言ったら、もう終わりじゃないか。

小林　いえいえ。

若宮主筆守護霊　大変なことになる。

小林　どこが、参考になったと言いますか、「おお、なるほどな」と思われましたでしょうか。

若宮主筆守護霊　外交的なところの読みは、ほとんど当たっているんじゃないの？　これは、すごいよ。俺《おれ》も国際政治の勉強をしたし、大川さんもしているらしいけどな。

やっぱり、外交的な読みがほとんど当たっているし、経済的なものも当たっている。昨日《きのう》……、あれ？　今日だったかな？　「日銀が十兆円供給する」というのは……。

小林　昨日の発表ですね。

若宮主筆守護霊　この前、春も十兆円だったよな。

小林　ええ。

若宮主筆守護霊　あなたがたは、その前から、「二十兆円出せ」と言っていたよな（『日銀総裁とのスピリチュアル対話』〔幸福実現党刊〕参照）。結局、あなたがたが言っていたことを、小出しにし、一年間かかって、やっているわけだろう。

欧米《おうべい》の銀行が金融緩和《きんゆうかんわ》に入ったので、日銀は残り十兆円を出してきたわけだけど、結局、「それだけ日銀は仕事していない」と言えば、そのとおりであって、こういう、日銀とか財務省とかいう聖域に切り込《こ》んでいくところは、ちょっとすごいなあ。

これは、朝日ができないでいることだからね。日銀や財務省に切り込んでいくのは、今の朝日にはできない。やっぱり、あちらの圧力はそうとうあるよ。ガードもきつい。日銀の守りは、要塞《ようさい》や金庫みたいな感じで、すごいからねえ。

## 幸福の科学の影響力《えいきょうりょく》と先見性を渋々《しぶしぶ》認める若宮主筆守護霊

綾織　財務省については、「財務事務次官・勝栄二郎《かつえいじろう》氏守護霊インタヴュー」（『財務省のスピリチュアル診断《しんだん》』〔幸福実現党刊〕第2章所収）が出たあと、朝日新聞も、勝前次官への批判を始めましたが、やはり、影響《えいきょう》があったのでしょうか。

里村　新聞の一面に、勝前次官の顔写真を出して、批判記事を載せましたね。

若宮主筆守護霊　わしは、言葉を選ばないと危ないから。もう本当に気をつけないといけないいんだけど、うーん……。

まあ、幸福の科学というのは、マスコミの立場を逆転させた団体だよな。

昔は、「『フライデー』とか『フォーカス』とかが突撃《とつげき》して、難しい灰色のあたりのところをかき回し、そのあとに、いわゆる週刊誌がバーッと入ってマーケットを大きくしたら、新聞社が入っていく」という、まあ、たいてい、こういう順番だったよな。

それが、今、幸福の科学は、「『フライデー』や『フォーカス』のような仕事を宗教の側からまずやっておいて、次に〝週刊誌〟になり、そして、大メディアの新聞社にまで入り込んでくる」というような入り方をしてくるねえ。

つまり、マイナーなところに、全力でものすごい球を投げ込み、それを大きくしてメジャー化させていくような感じがある。

それから、「今年一年、どうなるか」というところでは、かなりの人たちが、大川隆法が毎年出す『何とかの法』という本を見て、「今年は、こういう年になるらしい」と信じて、その年の流行《りゅうこう》を読んでいる。それが幸福の科学から出るのを見て、「だいたい、こういう年になる」と読んでいるわけだな。

まあ、ほかの同業他社は、かなり、そう動いているので、やっぱり、うちも、その影響は受けるよな。

綾織 「未来を見通す」という点では、今年、当会が製作した二本の映画「ファイナル・ジャッジメント」(六月公開)と「神秘の法」(十月公開)は、まさに……。

若宮主筆守護霊 これが当たりだから、悔《くや》しいなあ。三年前のうちの読みと全然違《ちが》う。うーん。「六年前に、(大川隆法は)こうなると読んでいたんです」などと言われると、ちょっと、たまんねえなあ。

里村 映画「神秘の法」は、大川総裁が二〇〇六年に構想されたものですが、よくご存じですね。

若宮主筆守護霊 ええ? たまんねえや。これは、たまらないなあ。次の映画はよく知らないけど、きっついなあ。

一年で二本は初めてだろう?　「こういうときに、二本も当ててくる」というのは、すげえなあ。

# 8 「中国に対する見解」と「朝日の原罪」

## 「海があるから、日本はチベットのようにならない」は本当か

里村　先見力ということでは、大川総裁、および幸福の科学、幸福実現党は、「中国の次の最高指導者になる習近平《しゅうきんぺい》氏は、非常に要注意人物である」と見ています。

習氏は、最近、しばらく姿を隠《かく》していましたが、昨日《さくじつ》（九月十九日）、二週間ぶりに現れ、いきなり、「日本の尖閣《せんかく》諸島の国有化は茶番だ」というような、ものすごく強気の発言をしました。二週間前と明らかに変わってきています。

若宮主筆守護霊　うんうん。

里村　若宮主筆としては、「今回、中国は、予想以上に強い出方をしている」とのことでしたが、習近平氏については、どのようにご覧になっているでしょうか。

若宮主筆守護霊　中国の人口は日本の十倍あるんだろう？　それで、経済力で日本を逆転して、アメリカに追いつこうとしているんだろう？

人口的に見たら、アメリカだって十億人の差がついているから、もし経済力でも追いつかれたら、アメリカも中国に勝てなくなる。それは時間の問題だよ。

つまり、中国の経済がもっと発展したら、アメリカが勝てなくなるのは時間の問題なので、最後は、もう、長いものに巻かれるしかないんじゃないの？　だから、中国と仲良くやるしか、しょうがないじゃないか。

小林　その分析《ぶんせき》は正しいと思いますが、結論が、ちょっと……。日本は、チベットやウイグルのように、中国に〝巻かれる〟わけにはいかないのです。

若宮主筆守護霊　海がある分だけ、ちょっとだけ柔《やわ》らかいと思うよ。地続きだったら、しょうがないけど。

小林　でも、若宮さんが大好きな韓国《かんこく》は、おそらく中国にやられるでしょうね。

若宮主筆守護霊　韓国はな。うん。いやいや、中国にやられるなら、まだ本望じゃないか。

小林　（苦笑）そうですか。

若宮主筆守護霊　だけど、「日本が韓国にやられるかもしれない」というところが、いちばんの難点だよな。まさかの韓国にやられてしまう可能性だってあるわけだからさ。

中国と軍事衝突《しょうとつ》したら、日本は降参するしかない?

里村　主筆の本心としては、中国は共産党一党独裁のままでよいのでしょうか。それとも、今、朝日新聞は、いちおう、人権というものを旗印に掲《かか》げておりますので……。

若宮主筆守護霊　うん、そうだ。そうそう。

里村　その意味では、中国の民主化運動や自由化を擁護《ようご》されますでしょうか。どちらの方向に行くのが、よろしいと思いますか。

若宮主筆守護霊　今、朝日の内部でもね、「大川隆法さんの意見に従ったら、間違《まちが》いない」という意見が強いんだよ。もう、そっちについちゃおうかなあ（会場笑）。

里村　そういう意味でも、「長いものに巻かれろ」なんですか。

若宮主筆守護霊　あちら（大川隆法）のほうが、どうせ当たるからなあ。迷ったら、だいたい、あちらの言うとおりにしておけば、結論が間違わない。

里村　そうすると、中国の民主化・自由化を進めるほうを……。

若宮主筆守護霊　だけど、軍事的な衝突《しょうとつ》も怖《こわ》い。やっぱり、軍隊の国だからさ。

朝日は、「日本の今の憲法を守れ」と、ずっと言ってきたし、「平和主義を守ろう」とか「戦争放棄《ほうき》」とかも言ってきたし、「反米」もやってきたからね。その立場でいくと、軍事的衝突のほうが先に前面に出てきた場合、どうやって戦うのか…

…。やっぱり、もう戦えないから、降参するしかなくなる。

## 先の戦争で三百万の国民を死なせた〝原罪〟を引きずる朝日新聞

小林　そうなると、「憲法九条」の問題に関しては、戦後六十年以上たちましたし、やはり、「朝日としても、そろそろ考えどきかな」ということですね。

若宮主筆守護霊　いや、だからねえ、朝日には〝原罪〟があるんだよ、原罪がね。先の戦争で「主戦論」をぶって、国民を三百万人も死なせた罪。これを悔《く》いているからさ。

小林　ええ、それは存じ上げております。

若宮主筆守護霊　その原罪があるために、先頭を切って「軍国主義化」みたいなのを進めることは、なかなかできないんだよ。

小林　そこは、「仏《ほとけ》に原罪を許された」と考えてもよいのではないかと思います。

## 北朝鮮《きたちょうせん》の百倍怖《こわ》い国・中国に、今の日本の政治家は勝てるのか

小林　ところで、現時点で、野田首相は、「今秋の共産党大会が終われば、習近平氏もおとなしくなる」ということに賭《か》けているようですが、彼の言動を見るかぎりでは、「党大会が終わるやいなや、嵩《かさ》にかかってくる」という方向へ行くように見えます。主筆の目でご覧になって、この点についてはいかがでしょうか。

若宮主筆守護霊　俺《おれ》の見るところ、野田は、先の二人よりは、確かに、芯《しん》があるし、押《お》しも強い。それに、苦労人でもあるから、粘《ねば》るところは粘るとは思う。

ただ、習近平氏と比べれば、やっぱり、「器《うつわ》が違う」と思うんだ。あちらのほう

が器が大きいので、たぶん、呑《の》まれてしまうと思う。

しかし、野田で勝てないとしても、「今の自民党の総裁候補の人たちのなかに、習近平に勝てる人がいるのかどうか」というところだよな。

小林　その見立てについては分かりました。

若宮主筆守護霊　うーん。今のところ、勝てそうにないと思うんだよ。

そりゃ、安倍《あべ》さんは、いちばん右翼《うよく》っぽい、最右翼の人なのかもしれないけども、その安倍でさえ、金正日《キムジョンイル》と交渉《こうしょう》して勝てるほどのものではなかったよね。

中国はその百倍ぐらい怖《こわ》いですよ。まあ、はっきり言って、北朝鮮《きたちょうせん》の百倍怖いのは中国です。北朝鮮ぐらいのちっちゃな国に振《ふ》り回されているのを見れば、とてもじゃないけど、そんなに簡単ではない。

# 9　朝日は、もう憲法を守り切れない

## オバマの「チェインジ」を見て「民主党政権交代」のシナリオを描《えが》いた

小林　そうしますと、民主党への「政権交代」を主導したことに対して、どのように落とし前をつけるお考えでしょうか。

若宮主筆守護霊　うん、決着はだねえ、やっぱり、「東日本大震災《だいしんさい》」がすべての始まりだった」ということかな。あれによって、国運が傾《かたむ》いたんだよ。あれは、「見放された」ということなんだよ。

小林　とっても宗教的なお答えですけれども（笑）。

里村　いや、有り体《てい》に言えば、三年前、朝日新聞は、「政権交代」というかたちで、〝新しい原罪〟をつくったのではありませんか。

若宮主筆守護霊　そういう言い方があるかなあ。うーん。だけど、君たちが政党を立党したのを、われわれが知っていたのに応援《おうえん》しなかったことを、逆恨《さかうら》みしているんだろうけどさあ。

里村　いえいえ、とんでもない。

若宮主筆守護霊　君たちが政党を立ち上げたときには、新聞もテレビ局も、「次は民主党政権にする」ということを、もう決めていたのよ。

小林　はい、決めていたようですね。

若宮主筆守護霊　すでに路線を決めていて、シナリオが全部できていたところに、君たちが割り込《こ》んできたからさあ、ちょっと遅《おそ》かったのよ。
　だから、「われわれもやりますから、よろしくね」と言って、前の年から根回しをしてくれていれば、ちょっとぐらいは考える余地もあったんだけど……。

小林　やはり、オバマ氏が大統領に当選した段階（二〇〇八年十一月）で、ほぼ決めていたのでは？

若宮主筆守護霊　もう、だいたい決まってたんじゃないか。

小林　いや、「決まっていたのではないか」ではなくて、朝日が主導して「決めた」

のではないかと思うのですが。

若宮主筆守護霊　「日本もチェインジ」って、やっぱり、面白《おもしろ》いじゃないか。

小林　ああ、やはり、決められていたわけですね。

若宮主筆守護霊　オバマの、あの人気、フィーバーぶりを見たらさあ、あれ、止められないよね。あのときのアメリカ人の感じ。ねえ?

「東大の二人の恩師」が教えた左翼《さよく》史観は引っ繰《く》り返った

里村　ところが、そのオバマ大統領も、いざとなれば、ビン・ラディンの殺害を決断しました。

そのことについて、若宮主筆の大学時代の恩師である坂本義和《さかもとよしかず》名誉《めいよ》教授は、自身の著作のなかで、「私にとって衝撃《しょうげき》だった」と書いていましたが、そういう意味でも「誤算続き」という感じがしますね。

若宮主筆守護霊　いやあ、坂本先生も、最近、東京新聞に投稿《とうこう》なさったようだけど、教授時代に教えていたことが全部引っ繰《く》り返ってきているんで（苦笑）、今、ほんとに困っていらっしゃるんですよ。今、「南京《ナンキン》（事件）」も、「従軍慰安婦《じゅうぐんいあんふ》」も、そんなのがみんな引っ繰り返りつつあってね。

おまえのところの、あの『太陽の法』だろう？　「国際政治学者の、あまりのひどさに、もう、あきれ返って、やめた」とかいうの、あれ、坂本だろうが？（注。原文では、「左翼《さよく》的立場から安保《あんぽ》反対を唱えるある教授について、理論はよく切れているが、結論は間違《まちが》っているのではないかとの感想を抱《いだ》きました」と書いた。『太陽の法』〔幸福の科学出版刊〕第６章参照）

里村　はい（笑）。

若宮主筆守護霊　だから、まあ、分かっているんだ。

里村　わざわざ、ご紹介《しょうかい》いただきまして、ありがとうございます（笑）。

若宮主筆守護霊　それで、「十七年に一回しか本を書かなくて、あまりのバカさかげんにあきれ切った」というのは京極純一《きょうごくじゅんいち》のことで、私が本郷《ほんごう》のときのゼミの教授だよ（注。原文では、「柳田国男《やなぎたくにお》の民俗学《みんぞくがく》や山本七平《やまもとしちへい》の日本人論をとり込んで『政治過程論』を講義する、ある教授の理論性のなさに失望しました」と書いた。なお、「十七年で一冊」の話は、『幸福の法』〔幸福の科学出版刊〕で触《ふ》れている）。

私の教わった先生が、二人とも、大川隆法にコケにされていることぐらい、向こうにも伝わっているのよ。

小林　若宮主筆が国際政治学を学ばれた恩師は、今、そういう状況《じょうきょう》なのですが、歴史の判定が引っ繰り返っていることに関して、主筆ご自身としては、いかがでしょうか。

若宮主筆守護霊　うーん。

なんか、今朝、言っているのを聞いたけど、昨日はＮＨＫをやったんだって（霊言収録のこと）？　君ら、日銀をやって、財務省をやって、ＮＨＫをやって、朝日をやって、何？　いよいよ、天下を取る気かい？

里村　いやいや、天下のための公論として、こういう機会をつくらせていただいております。

## 若宮主筆は意外と「幸福実現党ウォッチャー」なのか

若宮主筆守護霊　まあ、でも、しかしだなあ、自民党のタカ派の誰《だれ》をとっても、おたくの、たちき党首よりは上だよ。

里村　「立木《ついき》」でございます。

若宮主筆守護霊　ああ、そうか。

里村　はい。

若宮主筆守護霊　立ち木は立っているだけだろう？　だから、あれも、もう、何もできねえから。

里村　いえいえ。

若宮主筆守護霊　あれはなあ、ＮＨＫに行って、発声練習を教わったほうがいいな。うんうん。

里村　まあ、それはアドバイスとして承《うけたまわ》ります。

小林　主筆もよく注目されているわけですね。

若宮主筆守護霊　え？

小林　そこまで、よく、注目されているわけですね。

若宮主筆守護霊　いや、注目はしていないけど、ウォッチはしているから。朝日社内でも若手中心に「護憲路線への危機感」が強まっている

里村　だんだん時間が迫《せま》ってまいりました。

若宮主筆守護霊　ああ、そりゃ、残念だったねえ。

里村　今日、若宮主筆の本心を伺《うかが》い、私は、意外な感じを受けました。去年、私どもが「朝日新聞の守護神」をお呼びしたところ、宮沢俊義《みやざわとしよし》氏の霊《れい》が出てこられました（『現代の法難《ほうなん》④』〔幸福の科学出版刊〕参照）。戦後の日本国憲法を守るため、〝御本尊《ごほんぞん》〟としての自分を守るために、朝日新聞を道具として使い、幸福の科学を……、なんだか、今、すごく嫌《いや》な顔をされていますが、宮沢さんとの関

係はどうなのでしょうか。

若宮主筆守護霊　いや、宮沢はどうでもいいんだけども、「憲法を守るために朝日が頑張《がんば》る」というところについては、内部にそうとうな議論があって、「もう守り切れない」という意見が強いんだ。

綾織　その部分について、若宮さんご自身の本心は、どうなのですか。

若宮主筆守護霊　「守り切れない」っていうかな。

国際情勢の変化と、国民世論《せろん》で「憲法改正」支持が多数になってきつつあるのと、新しい言論勢力が出てきているのを感じて、「もう守り切れないんじゃないか」という意見は、若手を中心に、すごく強くなってきているので、「もしかしたら、これを死守していたら、滅《ほろ》びるんじゃないか」という意見があることはある。

だから、「私も年を取ったのかなあ」と思ってね。そういう、滅びに至った先生がたについていたほうだからね。あの時代は、それが中心だったし、私もメジャーなものについていたので、それでよかったけど、今は、メジャーでなくなってきつつあるからねえ。

「俺《おれ》が日本の守護神」だと見得《みえ》を切る若宮守護霊

里村　ということは、「朝日の守護神」とは、少し離《はな》れつつあるわけですね。

若宮主筆守護霊　うん？　何？

里村　ああいう「朝日の守護神」とは距離《きょり》をとっているのですか。

若宮主筆守護霊　「守護神」って、何？　みや……、守護神……、何言ってんの。

小林　宮沢俊義氏ですね。

里村　宮沢霊が、自分自身のことを、そう言っていただけですよ。

若宮主筆守護霊　何を言ってるんだよ。日本の守護神は「若宮啓文」っていうんだ。

里村　ああ、新しい守護神ですか。

小林　ああ、そうですか。それはそれは、どうも失礼いたしました。

若宮主筆守護霊　俺《おれ》が日本の守護神だ。何を言ってるんだ。

里村　もう、そろそろお時間なのですが。

若宮主筆守護霊　そんな、死んだ人を守護神にしてどうするんですか。生きている守護神が、今、活躍《かつやく》してるのよ。

## 「若宮主筆の過去世《かこぜ》」を念のため訊《き》いてみる

小林　「今、生きておられる若宮主筆」には、なかなか難しい質問かもしれないのですが、ほかの時代といいますか、少し古い時代にもお仕事をしていませんか。例えば、江戸《えど》時代であるとか、さらに昔の時代であるとか、何か記憶《きおく》はありませんでしょうか。

ちなみに、菅《かん》首相（当時）の「本心」（守護霊）をお呼びしたときには、「戦争中にサイパン島にいたことがある」と、おっしゃっていたんですよ（『国家社会主義とは何か』〔幸福の科学出版刊〕第2章参照）。

若宮主筆守護霊　彼、戦争に行ったのかなあ。

小林　ええ。「本心」は、ですね。

若宮主筆守護霊　うーん。戦争に行ったのかなあ。

小林　ええ、ですから……。

若宮主筆守護霊　え？　彼、そんな年だったたっけ？

小林　少し記憶があるような時代などは……。

若宮主筆守護霊　私の記憶かあ。そうねえ、全学連が安保闘争《あんぽとうそう》をしていたねえ。しかし、私は真面目《まじめ》だったから、もう、勉強一筋で、ノンポリ……。

里村　それは現代の話ですね。

若宮主筆守護霊　え？　え？　昔の話だろう？　昔の話じゃない？

綾織　もっと昔のことを伺っているのですけれども。

若宮主筆守護霊　え？　これで現代なの？　昔の話じゃないか。

綾織　まあ、菅前首相の場合は、日本政府に対する恨みが非常に強かったわけですが、あなたにも、何か、それと同じようなものを感じるのですが。

若宮主筆守護霊　いや、なんか……。ああ、そうかな。

綾織　日本が嫌《きら》いだったりはしませんか。

若宮主筆守護霊　ええ？　なんとなくボーッとするんだ。なんかさあ、そのへんになると、霞《かすみ》みたいのがかかってきてね、ボーッとして分からなくなってくるんだよなあ。言っていることが、ちょっとボーッとしてくるんだよなあ。

里村　「大陸のほうにいたことがある」とか？

若宮主筆守護霊　あ、もうそろそろ、麻酔薬《ますいやく》か何かが切れてきたのかな？　なんか、おかしいなあ。

里村　ああ、なるほど。それではよろしいですか。

若宮主筆守護霊　うーん。要するに何？　何を訊《き》こうとしてるの？

里村　いや、どういうところに、「ご本心」のルーツがあるのかと思いまして。

若宮主筆守護霊　「ご本心」のルーツったって、朝日新聞の本社だよ。

里村　分かりました。

綾織　なかなか難しいですね。

小林　特に郷愁《きょうしゅう》を感じる国などはありませんか。

若宮主筆守護霊　郷愁……、国？

小林　郷愁を感じるような国はありませんか。

若宮主筆守護霊　郷愁を感じる……。

綾織　朝鮮《ちょうせん》半島が好きだったりしますか。

若宮主筆守護霊　郷愁を感じる国……。郷愁を感じる国……。

やっぱり、本郷とか、駒場《こまば》とか、懐《なつ》かしいよな（会場笑）。やっぱり、それは、懐かしい。

里村　まあ、だいたい、そのあたりで意識が止まっているわけですね。

## 東大法学部卒で異彩《いさい》を放つ大川隆法に一目置いている

若宮主筆守護霊　いやあ、でもね。私は、別にね、幸福の科学を全滅《ぜんめつ》させようとか、そんなことは思っていないよ。よく広告も出していただいているしね。

大川隆法さんも、宮澤喜一《みやざわきいち》以降、沈《しず》んだ東大法学部の卒業生としては、珍《めずら》しくですね、法律ではない方面で、異様な輝《かがや》きを出しているよね。「異端《いたん》ではあるが、異様な輝きを出していて、非常にユニークな存在である」ということは、私も認めているわけであってね。

「日本の十八万もある宗教に順序づけをしろ」と言われるんだったら、まあ、そんなに大して好きではないけれども、宗教として見れば、われらにとっては、「幸福の科学は、比較《ひかく》的、理解ができる宗教だ」とは思っているよ。うん、うん。

里村　はい。分かりました。ありがとうございます。

## 朝日新聞に「若宮守護霊本」の五段広告は掲載《けいさい》されるか

若宮主筆守護霊　だから、そういう意味で、宣伝広告費は下げないようにな。霊言《れいげん》をあんまり出されると、ちょっと出しにくいけど、普通《ふつう》の本だったら、いくらでも広告は許す。

綾織　それは、朝日新聞の社論によるところもありますので、ぜひ、幸福の科学をご理解いただきたいと思います。

若宮主筆守護霊　「霊言、霊言」と言われると、必ず、「これは詐欺《さぎ》だ」と言う人がいるからさあ。それが困るんでね。

この「若宮主筆の本心に迫る」で、「守護霊公開霊言」という五段広告が朝日に載《の》るかどうか（会場笑）。これは、あなたはねえ、もう……。

小林　箱島信一《はこしましんいち》元社長の守護霊霊言（「ザ・リバティ」二〇〇三年十月号掲載《けいさい》）のときには、朝日新聞も広告を載せたんですよ。

若宮主筆守護霊　え？　え？

小林　箱島社長ですね。

若宮主筆守護霊　これはもう、〝トトカルチョ（サッカーくじ）〟だ。ええ？（広告が掲載されるなら）もう、五億円の宝くじを当ててもいいぐらいだ。

里村　いや、違います。ほかの人は駄目《だめ》でも、おそらく、「『若宮主筆の本心』は、広告もオーケーです。大歓迎《だいかんげい》です」ということになると思います。これは、私も経験者（広告掲載当時、月刊「ザ・リバティ」編集長）なので分かります。

若宮主筆守護霊　そんなはずはない。そんなはずはない。君ね、朝日新聞（への批判）ならいいよ。それはいい。だけど、「若宮」という個人攻撃《こうげき》をやるのはどうか。朝日新聞では、「人権侵害《しんがい》」をいちばん嫌うからね。これはないんじゃないかなあ。

里村　いずれにしましても、今日はこのあたりで……。

若宮主筆守護霊　『W《ダブリュー》主筆の本心を学ぶ』とか、こういうのだったら、出る可能性はある。

里村　はい。分かりました。
お互《たが》い、いろいろと意見の違う部分もあるでしょうが、今後とも、そういうところを戦わせながら、よりよい日本をつくるために頑張ってまいりたいと思います。今日は、本当にありがとうございました。

綾織　本日の内容から、さまざまなアイデアを頂き、非常によい内容でした。本当にありがとうございました。

大川隆法　はい、（若宮主筆守護霊に）どうもありがとうございました。

# 10　朝日に「チェインジ」が起きるだろう

## 朝日は「信者以外の大川隆法ファン」を無視しがたい

大川隆法　うーん。どうでしょうか。

朝日新聞には、マスコミとしての一定の規模があり、実績と組織、言論力があるので、いちおう仕事ができてはいますが、やはり、言っていることが外れると、こたえるようです。

彼らの言っていることが実現し、世の中がうまいこと踊《おど》ってくれると、うれしいけれども、言っていることが外れたら、彼らにも、それなりに隠遁《いんとん》期間が来るわけですね。そして、しばらくは力が落ちるのでしょうが、「また攻撃《こうげき》の機会が来たら、反転し、〝敵〟を叩《たた》き落としに入る」という感じなのでしょう。

読売が〝次〟を決めるそうです。

里村　「ええっ！」と驚《おどろ》いてしまいました。

大川隆法　そういうことですか。なるほど。分かりました。幸福実現党については、「応援《おうえん》する」という言葉を、結局、引き出せなかったのでしょうか。

小林　のらり、くらりと……。

里村　はい。

大川隆法　「三連敗だろう」と言っていましたね。「応援してくれるかどうか」の結論は、あれで分かったのですか。うーん。そうですか。悲しいですね。頑張《がんば》るつもりでいるのですが。

小林　これからです。

綾織　「幸福実現党の言論については認めている」とのことでした。

里村　「ウオッチはしている」という発言もありました。

大川隆法　「朝日の社内には、若手にも、上のほうにも、大川隆法ファンはいる」と言っていましたね。

小林　ええ。かなり上のほうまで……。

大川隆法　だから、「国民のなかに、幸福の科学の信者以外で一定のファン層がいるとしたら、それは無視しがたい」と思っているのでしょう。

私は朝日から産経まで満遍《まんべん》なく新聞を読み、好き嫌《きら》いが特にないのですが、そういうところが意外と朝日の目にも映っているのかもしれません。私は、それぞれの新聞について、よいところは認め、悪いところは受け入れないような読み方をするのですが、そういう多様性が、朝日の人たちにも、一部、入っているのでしょう。

朝日のなかでは、「朝日に反対する言論であっても、言論の自由は守らなくてはいけない」という理論が、けっこう通るのです。そういうところが朝日にはあるので、私の思想を受け入れやすい面があるのかもしれません。

## 「本を書く人」と「記事を書く人」には力の差がかなりある

大川隆法　大学時代に私が属していたのは、坂本義和《さかもとよしかず》さんのゼミではなく、篠原一《しのはらはじめ》さんのゼミでした。教授からは、「日銀と朝日新聞であれば、僕《ぼく》のコネで入れられる。一名、枠《わく》があるので、君が行きたかったら、うちのゼミから入れられる」と言われたのですが、「別に朝日にコネで入りたくはありません」と言って、聞き流すことにした覚えがあります。

せっかくの好意を無駄《むだ》にしてしまい、申し訳なかったのですが、自分で本を書くタイプの人間は、名前を出さずに書くことに耐《た》えられるものではありません。私は自分の意見をつくりたいタイプだったので、朝日に入りたいとは思いませんでした。

若宮氏は出世頭《がしら》なのでしょうが、この人であっても、やはり、自分の本だけで食べていけるところまでの言論力《りょく》はありません。そういう意味での差は歴然としています。

小林　それは本人も自覚していると思います。

大川隆法　彼は本を何冊か書いていますが、売れてはいません。「部数の多い全国紙に自分の言論を載《の》せられる」ということと、「著書を出し、その読者が信者になり、組織ができて、建物まで建ち、その組織が大きくなる」ということには、力の差がかなりあるのです。

そのため、マスコミは、妙《みょう》な意味での近親憎悪《きんしんぞうお》やライバル心のようなものを、私に対して少し持っているのかもしれません。

でも、もう少しでしょう。当会も、もう少しシェアを増やせば、社会現象として認定されるようにはなるのでしょう。

## 朝日新聞のなかで、一つの時代が終わろうとしている

大川隆法　言葉は選ばなくてはいけませんが、もしかしたら、若宮氏は、「以前は首相候補にまでなったのに、今は、もう忘れられそうになっている」という舛添《ますぞえ》氏と、似たような立場にいるのかもしれません。そのように見えます。

朝日新聞のなかで、一つの時代が終わろうとしているのではないでしょうか。だから、勇気を持って朝日を「チェインジ」するのは、若宮氏たちとは違《ちが》う、もう少し若手の方なのかもしれません。

若宮氏は〝ナベツネ〟さんよりはかなり若いのですが、チェインジはできなさそうです。「トーンを少し下げて、様子を見る」ということぐらいが限度であり、「隙《すき》を見て打ち込《こ》む」というかたちになるのでしょうか。

ただ、彼らは、いわゆるブン屋なので、「その言論が正しいかどうか」ということについては、ずいぶん見ているところがあります。したがって、当会の言っていることが、ある程度、正しければ、聞く耳は持つでしょう。

政党（幸福実現党）のほうは、今のところ、限りなく悲しいことに、「応援団としてつく」と言ってくれるマスコミ等は出てこないのですが……。

里村　もう少し駒《こま》を進めれば、応援団が出てきて、どんどん、意見表明をしてくれると思います。

大川隆法　そうですね。立木《ついき》党首は、ある新聞にコラムを隔週《かくしゅう》で連載《れんさい》していますが、苦労して徹夜《てつや》で書いています。新聞記者が五分で書くような文章を、一晩かけ、徹夜で書いているので、その労力を認めていただきたいものです。とても頑張っているんですよ。

里村　もう少しです。

朝日の社員には「激震級《げきしんきゅう》」の若宮主筆守護霊霊言《れいげん》

大川隆法　これで朝日の考えが分かりましたか。

小林　ええ。これは、かなり大きな影響《えいきょう》を朝日の社内に与《あた》えると思います。

大川隆法　そうですか。あまりはっきりと言わなかったように見えましたが。

小林　いえいえ。

里村　状況《じょうきょう》的に、これだけ変化している途中《とちゅう》ということは……。

小林　この世の若宮氏を知っている、朝日の社員からすれば、激震《げきしん》級の明快さがあったと思います。

大川隆法　そうですか。激震を起こすには、何かスクープが必要だったのではありませんか。

小林　十分なスクープ性があったと思います。

大川隆法　週刊誌に載っていたネタについて突《つ》っ込み、「本当は、どうだったのですか」と……。

里村　いえ、そういうものではなく……。

小林　思想性におけるスクープです。

大川隆法　ああ、そうですか。

朝日に革命児が現れ、私の著書を読んで筆を振《ふ》るうだろう

大川隆法　私には、この人の考えの範囲《はんい》は見えているというか、「この年代の人だ

ったら、だいたい、こういう思想の持ち主だろうな」ということが分かるのですが、この人が教わった教授たちや、先ほど話の出た〝守護神〟（宮沢俊義《みやざわとしよし》）のレベルのところを、今、私は斬《き》っているので、それと同じ流れにいたら、私が振《ふ》るっている刀で一緒《いっしょ》に斬られていきます。

ただ、私の言うことのほうを信じる人が、朝日の社内にも出てきているようです。

当会は、宗教にしては、政治経済について、やたらと鋭《するど》いのです。日銀総裁よりもずっと進んでいます。先ほど話が出ていましたが、今年の一月二日に、日銀総裁の守護霊の霊言《れいげん》を収録しました。そのときに立木党首たちが提案したことの実現に日銀は九月までかかったのです。

日銀は、よく「インフレ懸念《けねん》」と言います。しかし、そんなものが、今、どこにあるのでしょうか。「通貨の信認を守る」ともよく言いますが、要するに、「何もしない」ということが日銀の仕事なのです。

そして、無理矢理、扉《とびら》をこじ開けられたら、しかたなく仕事をするのです。「世《せ》間《けん》の人々が、みな、外国語を勉強し始めたら、しかたがないので、自分も勉強を始める」というような、ネガティブな姿勢しか、基本的にはありません。

今回の金融緩和《きんゆうかんわ》の強化は、「日銀にしては大胆《だいたん》な判断だ」と言われていますが、当会が提言してから、もう八カ月ぐらいたっています。また、FRB（連邦《れんぽう》準備制度理事会）やヨーロッパの中央銀行の判断は、私が言っていることと基本的に同じです。だから、あらかじめ分かっていることなのに、それを日銀が認めるまでに、これだけ時間がかかったのです。

おそらく、朝日も同じでしょう。きっと、タイムラグがかなりあってから、幸福実現党のことを認めるのではないでしょうか。

尖閣《せんかく》諸島で中国側が実際に弾《たま》をバンバン撃《う》ち始めたりしたら、朝日の人たちは本当に衝撃《しょうげき》で倒《たお》れるかもしれません。弾が飛び始めたり、漁船や巡視船《じゅんしせん》が沈《しず》んだりしたら、驚いてパニックを起こすでしょう。

小林　思考停止に……。

大川隆法　ええ。「巡視船が沈められたとき、どうしたらよいか」などというマニュアルはないと思います。

そのときには内部に革命が起き、誰《だれ》か革命児が出てきて筆を振るうのでしょう。そして、「どうしたらよいか」については、結局、私の著書を読んで書くことになるのでしょう。

里村　そうなると思います。

大川隆法　そういうことでしょうね。

里村　はい。

## 読売の〝ナベツネ〟さんは普通《ふつう》の人ではない

大川隆法　私には大したスクープには見えませんでしたが、朝日の人にとってはスクープに見えるのかもしれません。

次の総理は読売が決めるんですか。そうですか。

〝ナベツネ〟さんは、何か、ちょっと怖《こわ》いですね。長生きをなされているので、畏《おそ》れ多くて守護霊をお呼びできません。あの世にお還《かえ》りになってから呼んだほうがいいような気がします。おそらく、普通《ふつう》の人ではないでしょう。私には人間様《よう》のものではないような気がします。

ただ、主張的には、私たちにやや近いことも言ってくださっているのかもしれないので、悪く言うことは控《ひか》えたいと思います。

今日は、朝日新聞の若宮主筆の守護霊に個人的に出てきていただいて、まことにありがとうございました。

# あとがき

中国や韓国の新聞やテレビは「愛国排日《あいこくはいにち》」一辺倒なのに、朝日新聞やNHKを代表とする日本のマスコミは、まだ「愛国無罪」ではなく、「愛国危険」の思想が根づよく、他人事《ひとごと》のように、日中、日韓の関係を論じている。「客観的」で「公正な」報道など、中国人や韓国人（北朝鮮も含めて）には通じないのだ。彼らは、国家による洗脳を受けているので、自分たちの主張をそのまま受け入れるのがいい国で、それに反発するのは、「悪魔の国」だと信じているのだ。

もし中国人や韓国人に対し、一片の友情があるなら、是々非々で正当な批判を加えていくことも「勇気」「公正」「正義」の表れであろう。

私たちも勇気をもって未来を築いていくつもりである。今、「チェインジ」が必要なのは、政治というよりむしろマスコミの方だろう。その一助となることが本書の刊行目的でもある。

二〇一二年　九月二十五日

幸福《こうふく》の科学《かがく》グループ創始者兼総裁《そうししゃけんそうさい》　大川隆法《おおかわりゅうほう》

## 『朝日新聞はまだ反日か』大川隆法著作関連書籍

『ＮＨＫはなぜ幸福実現党の報道をしないのか』（幸福の科学出版刊）
『従軍慰安婦問題と南京大虐殺は本当か？』（同右）
『大江健三郎に「脱原発」の核心を問う』（同右）
『太陽の法』（同右）
『幸福の法』（同右）
『現代の法難④』（同右）
『国家社会主義とは何か』（同右）
『日銀総裁とのスピリチュアル対話』（幸福実現党刊）
『財務省のスピリチュアル診断』（同右）

朝《あさ》日《ひ》新《しん》聞《ぶん》はまだ反日《はんにち》か　——若宮主筆の本心に迫る——

2012年 9 月30日　初版第 1 刷

著　者　　大《おお》　川《かわ》　隆《りゅう》　法《ほう》

発行所　　幸福の科学出版株式会社

〒107-0052 東京都港区赤坂 2 丁目 10 番 14 号
TEL(03)5573-7700
http://www.irhpress.co.jp/

印刷・製本　株式会社 堀内印刷所

落丁・乱丁本はおとりかえいたします

ISBN978-4-86395-254-6 C0030
Photo: 代表撮影 /AP/ アフロ

大川隆法ベストセラーズ・**反核平和運動を検証する**

## アインシュタインの警告
### 反原発は正しいか

原発力の父が語る反原発運動の危険性と原発の必要性——。感情論で暴走する反原発運動に、アインシュタイン博士が警鐘を鳴らす。

1,400円

---

## 核か、反核か
### 社会学者・清水幾太郎の霊言

左翼勢力の幻想に、日本国民はいつまで騙されるのか？ 左翼から保守へと立場を変えた清水幾太郎が、反核運動の危険性を分析する。

1,400円

---

## 大江健三郎に「脱原発」の核心を問う
### 守護霊インタビュー

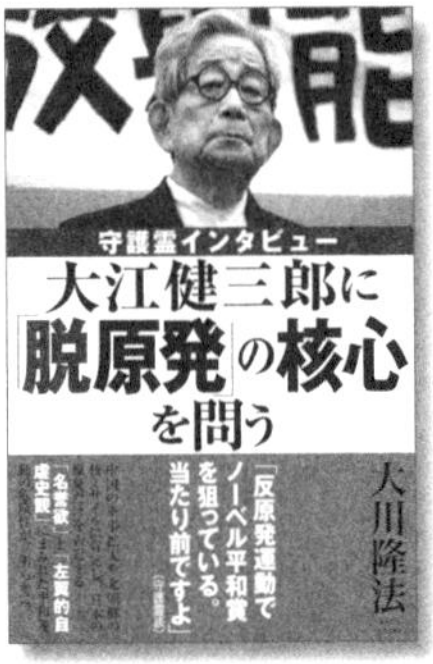


左翼思想と自虐史観に染まった自称「平和運動家」の矛盾が明らかに！ 大江氏の反日主義の思想の実態が明らかになる。

1,400円

※表示価格は本体価格（税別）です。

## 大川隆法ベストセラーズ・マスコミの誤りを糾す

### NHKはなぜ幸福実現党の報道をしないのか

**受信料が取れない国営放送の偏向**

リスクを取らない偏向報道で国民をミスリードし、日本の国難を加速させたNHKに、その反日的報道の半基準はどこにあるのかを問う。

1,400円

---

### 現代の法難④

**朝日ジャーナリズムの「守護神」に迫る**

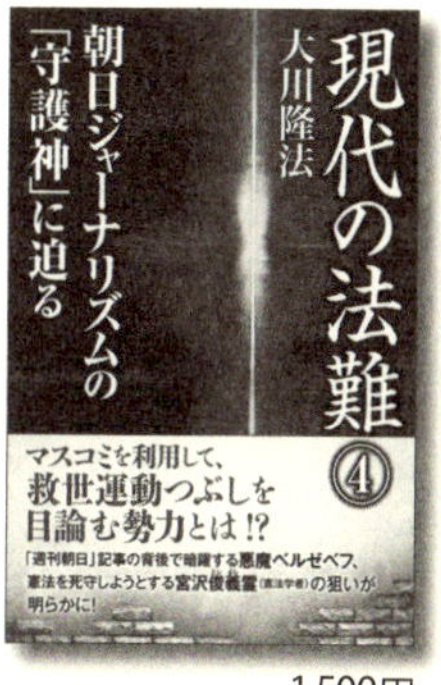


マスコミを利用する悪魔ベルゼベフ。国論を左右しようとする憲法学者の霊。砂上に立つ戦後マスコミ民主主義に警鐘を鳴らす一書。

1,500円

---

### 日米安保クライシス

**丸山眞男 vs. 岸信介**

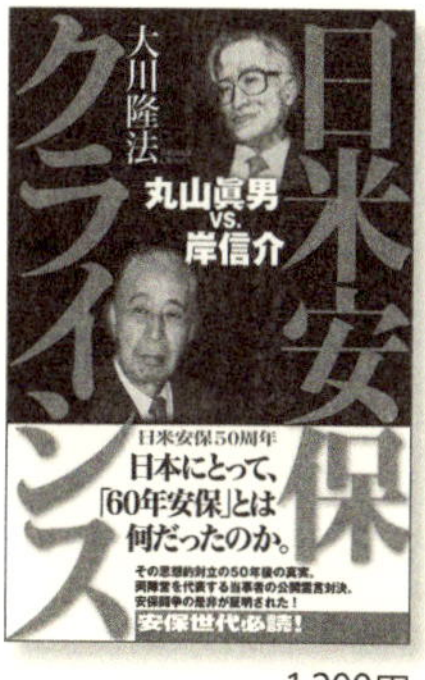


「60年安保」を闘った、政治学者・丸山眞男と元首相・岸信介による霊言対決。二人の死後の行方に審判がくだる。

1,200円

## 大川隆法ベストセラーズ・日本の政治を立て直す

### 坂本龍馬 天下を斬る！
**日本を救う維新の気概**

信念なき「維新ブーム」に物申す！
混迷する政局からマスコミの問題点まで、再び降臨した坂本龍馬が、現代日本を一刀両断する。
【幸福実現党刊】

1,400円

---

### 横井小楠
### 日本と世界の「正義」を語る
**起死回生の国家戦略**

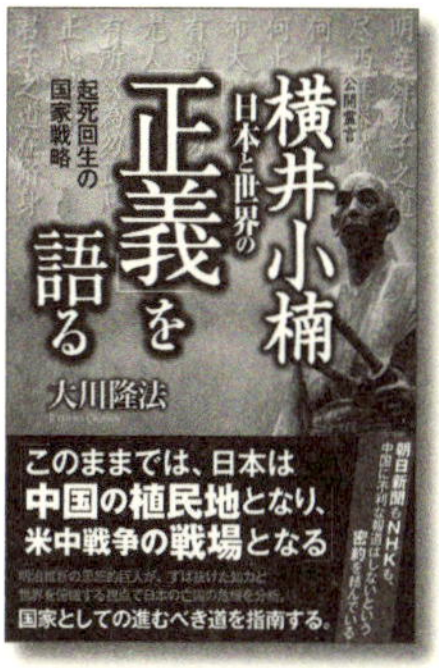


明治維新の思想的巨人は、現代日本の国難をどう見るのか。ずば抜けた知力と世界を俯瞰する視点で、国家として進むべき道を指南する。
【幸福実現党刊】

1,400円

---

### 公開霊言
### 天才軍略家・源義経なら
### 現代日本の政治をどう見るか

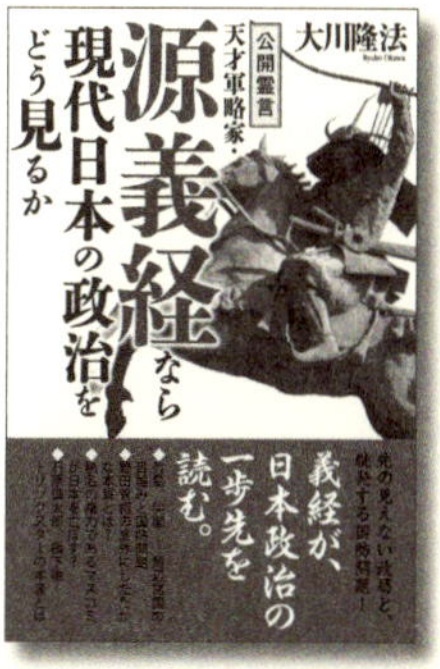


先の見えない政局、続出する国防危機……。現代日本の危機を、天才軍事戦略家はどう見るのか？ また、源義経の転生も明らかに。
【幸福実現党刊】

1,400円

# 幸福の科学グループのご案内

**宗教、教育、政治、出版などの活動を通じて、
地球的ユートピアの実現を目指しています。**

## 宗教法人　幸福の科学

一九八六年に立宗。一九九一年に宗教法人格を取得。信仰の対象は、地球系霊団の最高大霊、主エル・カンターレ。世界百カ国に迫る国々に信者を持ち、全人類救済という尊い使命のもと、信者は、「愛」と「悟り」と「ユートピア建設」の教えの実践、伝道に励んでいます。

（二〇一二年八月現在）

公式サイト
**http://www.happy-science.jp/**

## 愛

幸福の科学の「愛」とは、与える愛です。これは、仏教の慈悲《じひ》や布施《ふせ》の精神と同じことです。信者は、仏法真理をお伝えすることを通して、多くの方に幸福な人生を送っていただくための活動に励んでいます。

## 悟り

「悟り」とは、自らが仏の子であることを知るということです。教学《きょうがく》や精神統一によって心を磨き、智慧《ちえ》を得て悩みを解決すると共に、天使・菩薩《ぼさつ》の境地を目指し、より多くの人を救える力を身につけていきます。

## ユートピア建設

私たち人間は、地上に理想世界を建設するという尊い使命を持って生まれてきています。社会の悪を押しとどめ、善を推し進めるために、信者はさまざまな活動に積極的に参加しています。

国内外の世界で貧困や災害、心の病で苦しんでいる人々に対しては、現地メンバーや支援団体と連携して、物心両面に渡り、あらゆる手段で手を差し伸べています。

年間３万人を超える自殺者を減らすため、全国各地で街頭キャンペーンを展開しています。

公式サイト
**http://www.withyou-hs.net/**

ヘレン・ケラーを理想として活動する、ハンディキャップを持つ方とボランティアの会です。視聴覚障害者、肢体不自由な方々に仏法真理を学んでいただくための、さまざまなサポートをしています。

公式サイト
**http://www.helen-hs.net/**

INFORMATION

お近くの精舎・支部・拠点など、お問い合わせは、こちらまで！
**幸福の科学サービスセンター**
**TEL. 03-5793-1727**（受付時間 火～金：10～20時／土・日：10～18時）
**幸福の科学グループサイト http://www.hs-group.org/**

# 教育

## 学校法人 幸福の科学学園

幸福の科学学園中学校・高等学校は、幸福の科学の教育理念のもとにつくられた学校です。人間にとって最も大切な宗教教育の導入を通じて精神性を高めながら、ユートピア建設に貢献する人材輩出を目指しています。

**幸福の科学学園**
**中学校・高等学校**（男女共学・全寮制）
2010年4月開校・栃木県那須郡

**TEL** **0287-75-7777**
**公式サイト**
**http://www.happy-science.ac.jp/**

関西校（2013年4月開校予定・滋賀県）
幸福の科学大学（2015年開学予定）

### 仏法真理塾「サクセスNo.1」

小・中・高校生が、信仰教育を基礎にしながら、「勉強も『心の修行』」と考えて学んでいます。

**TEL** **03-5750-0747**（東京本校）

心の面からのアプローチを重視して、不登校の子供たちを支援しています。また、障害児支援の「**ユー・アー・エンゼル！**」運動も行っています。

### 不登校児支援スクール「ネバー・マインド」

幼少時からの心の教育を大切にして、信仰をベースにした幼児教育を行っています。

### エンゼルプランV

いじめから子供を守ろう！ネットワーク

学校からのいじめ追放を目指し、さまざまな社会提言をしています。また、各地でのシンポジウムや学校への啓発ポスター掲示等に取り組むNPO「いじめから子供を守ろう！ネットワーク」を支援しています。

**公式サイト** **http://mamoro.org/**

**ブログ** **http://mamoro.blog86.fc2.com/**

**相談窓口** **TEL.03-5719-2170**

政治

## 幸福実現党

内《ない》憂《ゆう》外《がい》患《かん》の国難に立ち向かうべく、二〇〇九年五月に幸福実現党を立党しました。創立者である大川隆法党名誉総裁の精神的指導のもと、宗教だけでは解決できない問題に取り組み、幸福を具体化するための力になっています。

党員の機関紙
「幸福実現News」

TEL 03-6441-0754
公式サイト
http://www.hr-party.jp/

出版メディア事業

## 幸福の科学出版

大川隆法総裁の仏法真理の書を中心に、ビジネス、自己啓発、小説など、さまざまなジャンルの書籍・雑誌を出版しています。他にも、映画事業、文学・学術発展のための振興事業、テレビ・ラジオ番組の提供など、幸福の科学文化を広げる事業を行っています。

TEL 03-5573-7700
公式サイト
http://www.irhpress.co.jp/